VIDA PLENA

VOCABULARIO REFRESCANTE PARA LA VIDA SANTA

KEVIN MANNOIA

Traducido por Miriam E. Figueroa

ALDERSGATE PRESS

Aldersgate Press
Primera Edición
Derechos Reservados © 2021 Kevin Mannoia
Excepto por citas breves, ninguna parte de este libro puede reproducirse de ninguna manera sin el permiso previo por escrito del editor.

ISBN-13: 978-1-955473-00-2 (paperback)

Impreso en E.E.U.U

Aldersgate Press
900 Walker St. NE
Cleveland, TN 37311

Editor General: David S. Han
Traducción: Miriam E. Figueroa
Arte: Brett Burner

Nota de la Traductora

El titulo original de este libro es *Masterful Living*, refiriéndose a la vida llena del *master*, entiéndase, Amo y Señor. Al traducirlo, una posibilidad sería Vida Magistral, lo cual no hace justicia a la intención del autor. Magistral alude más al maestro que tiene autoridad. Es por esta razón que utilizaremos el concepto de Vida Plena, para referirnos a una vida llena, saturada del Amo, quien es nuestro Maestro y Señor.

RECONOCIMIENTOS

No hay manera de determinar cuándo comenzó la idea de este libro. Debido a que más que cualquier otro este proyecto representa la naturaleza y la pasión de mi propia vida, abarca toda una vida: de aprendizaje, de crecimiento, de escuchar y sobre todo de ser formado en el camino del Señor Jesús. Debido a eso, la lista de aquellos que han contribuido a las ideas es tan larga como mi propia existencia. Por lo que, obviamente no puedo— y ni siquiera lo intentaré- enumerar a todos aquellos que han tocado mi vida durante mi formación.

Entre los principales que quiero nombrar están mis propios padres cuya pasión por Dios y su caminar saludable con Cristo modelaron lo que significa estar totalmente saturados con el carácter de Dios. Ellos forjaron dentro de mí un fundamento que permitió que las experiencias y el nuevo aprendizaje se convirtieran en aliados que yo estaba dispuesto a abrazar.

Ciertamente, mi esposa y mi familia también son vitales para mi pensamiento. La gracia y la paciencia de Kathy, junto con su cándida intención, siguen siendo un punto constante de responsabilidad y modelo de santidad. Y honestamente puedo decir que mis hijos me han enseñado más acerca del corazón motivador de amor que Dios tiene por Sus hijos que toda mi carrera educativa combinada. A diario me sorprenden las nuevas ideas de amor por mis hijos que me ayudan a entender el carácter de Dios hacia mí.

Aunque no puedo empezar a nombrarlos a todos, los líderes denominacionales a nivel nacional y regional en el WHC (Santidad- Wesleyana) en todo el país me han ayudado a pensar creativamente a sacar a la luz nuevos conjuntos de palabras. Les agradezco. Y a los pastores con los que he experimentado con conceptos, ideas, terminologías y frases, gracias.

Las conversaciones inspiradoras con George Barna, que sigue preguntando, hurgando y halando de manera tal que pudiera tener mayor claridad dentro de mi propio pensamiento, han sido profundamente útiles. Siempre ayudándome a conectarlo todo con la realidad.

Aunque suene trillado o súper espiritual, no puedo pasar mucho tiempo en ninguna discusión sobre este libro sin expresar profunda humildad y agradecimiento abrumador a Dios por la gracia, el perdón, la plenitud y la afirmación. Nunca me he sentido más íntimo con el Señor que mientras luchaba por elaborar exactamente las frases correctas en estos diez descriptores. El suave empujón del Espíritu o la perspicacia que consume han sido nada menos que emocionantes. Cada día doy gracias a Dios por la salvación- el camino para llegar a ser como Jesús. Camino ahora más que nunca, en una profunda sensación de tristeza y de alegría, de inseguridad y confianza, de debilidad y de fuerza.

"Ven, Oh Santo Jesús, a nuestros corazones hoy;

Encuentra aquí un lugar acogedor para la plenitud de tu gloria;

Téjenos en la misericordia de tu amor,

que podamos reflejar la luz de tu don.

Que nuestros corazones sean sensibles al suave toque de tu santidad;

Moldéanos como hijos de tu creación;

Utilízanos como vasijas de tu amor,

que la gracia y la paz sean nuestro nombre,

escrito por la inscripción de tu propia mano."

Kevin Mannoia
January 2019

DEDICATORIA

Este libro está dedicado al Dr. Alan Moulton, mi querido amigo y estimado mentor, quien me abrió puertas de oportunidad académica y fue un modelo de santidad en mi educación superior. Soy uno de los miles de estudiantes influenciados por la fidelidad del Dr. Moulton a su llamado a la educación superior cristiana en la tradición de la Santidad-Wesleyana.

TABLA DE CONTENIDO

INTRODUCCIÓN

La puerta de madera que conducía a la zona de juegos en el lado de la casa era de seis pies de altura. Para asegurarlo contra el viento, la puerta tenía un pestillo en la parte inferior, a un pie del suelo y otro en la parte superior.

El pestillo inferior no representaba un problema para nuestros hijos ya que podían abrirlo. Era fácil de alcanzar. El pestillo superior, sin embargo, era otro asunto. Sólo nuestra hija mayor era lo suficientemente alta como para abrir la puerta y sacar su bicicleta. Los chicos ni siquiera estaban cerca de su altura. Cada vez que querían andar en bicicleta o dejar que los amigos entraran en el patio lateral tenían que pedirle a su hermana mayor, o a uno de nosotros, que desenganchase el pestillo superior. Los chicos pequeños se frustraban porque siempre tenían que buscar a uno de nosotros para abrir la puerta y dejarlos salir a jugar.

Finalmente, decidí hacer algo al respecto. Até una cuerda a través del ojo del pestillo superior y dejé que colgara lo suficientemente abajo como para que los chicos lo alcanzaran. Lo había visto en docenas de otras puertas. Y funcionó. La cuerda puso el pestillo superior al alcance de la mano. Los chicos fueron capaces de abrir el portón cada vez que querían sin tener que pedir ayuda.

La santidad se ha convertido en un pestillo superior, simplemente ha estado fuera de nuestro alcance y ha sido difícil de entender de manera que realmente haga una diferencia, o al menos que tenga sentido. La gente ha dejado que los eruditos y los pastores sean los que la entiendan. Siempre que había alguna necesidad, eran ellos los que tenían que alcanzar el pestillo y abrir la puerta de la comprensión de la santidad en la vida real. Su plenitud nunca pareció estar al alcance de la mano.

No es que sea una idea tan compleja. Realmente no lo es. Pero como ha sido un concepto tan deformado y mal entendido, dejamos de tratar de entenderlo. En el proceso, la riqueza de su significado se convirtió en un tópico superficial y genérico que significaba lo que la gente quería que fuera o significara. Es cierto que siempre se refería a algo que era espiritual. Y por lo general implicaba comportamientos que eran restrictivos, como si de alguna manera no hacer ciertas cosas te ayudaría a alcanzar un estado sagrado súper-espiritual. Pero ser santo es más que parecer santo.

¿Qué es la Vida Plena?

En realidad, la santidad no es más que vivir lleno del Señor (del amo) que es santo. A esto nos referimos con una vida plena.

Al tratar de manejar nuestras vidas, hemos perdido el significado profundo y la transformación que es el núcleo de la vida plena. Tratar de encontrar sentido y plenitud en la vida se ha convertido en un ejercicio para equilibrar los muchos componentes de nuestra vida al tratar de darles el mismo tiempo, energía e importancia. Alguien escribe un libro sobre permanecer espiritualmente responsable, otro sobre el tiempo tranquilo, otro, sobre cómo tratar a los demás, y otro sobre poner su vida en orden. Francamente, es agotador mantenerlo todo equilibrado.

Nos hemos compartimentado en componentes que son como depósitos, cada uno por separado, y compitiendo por el escenario principal en nuestra jornada de vida: a saber, espiritual, emocional, intelectual, social, por no decir nada de nuestro ser interno tratando de equilibrarse con nuestras acciones externas.

Pero la vida plena, en realidad, es muy simple. Es una convocatoria cuya centralidad comienza con el Maestro y se extiende hacia afuera a través de su vida. Crea sanidad y plenitud al integrar quién eres dentro de ti con lo que haces o, mejor dicho, con tu comportamiento.

Y quién mejor para proporcionar ese centro que Dios, cuya naturaleza misma es la santidad. Dios es el Maestro que se hace visible en ti.

Ser pleno no es cuestión de imponer un conjunto especial de comportamientos con un alto nivel de habilidad. Una vida muy disciplinada no es más plena aparte del Maestro que la Capilla Sixtina es magistral aparte del artista.

Más bien, la vida plena es una condición que representa un elemento mayor de Dios en ti. Por lo tanto, como Dios es uno (completo), también te conviertes en uno, completo y pleno en Él a pesar de nuestra cultura dividida y a pesar del estilo de vida subdividido. Te sanas de los efectos del vacío de Dios en tu vida. Y como la santidad es tanto una parte de la naturaleza misma de Dios, la integridad y la sanación vienen cuando nos permitimos simplemente reflejar la imagen de Dios en nosotros.

Este libro tiene una misión sencilla: invitarte a que te apropies de una vida plena al tenerla al alcance de tu mano.

La Riqueza de la Ambigüedad

La santidad es quizás uno de los temas más mal entendido en el caminar diario de un cristiano. Sin embargo, aparece en las Escrituras más a menudo que la mayoría de muchos de los otros grandes temas. Pasamos mucho tiempo discutiendo y estudiando grandes ideas como la expiación, la misericordia, la salvación, el juicio, la gracia, y éstas son demostraciones asombrosas del compromiso de Dios con nosotros. Pero en su mayor parte, representan las acciones de Dios hacia nosotros. Él está "haciendo" algo en respuesta a nuestra caída. Por ejemplo, la expiación describe a Dios satisfaciendo el costo del pecado humano; la misericordia es la paciencia de Dios con nuestra ofensa; y la justicia es la manera que tiene Dios de lidiar con la disparidad.

La santidad es diferente. Aunque motiva la acción de Dios hacia nosotros, es parte integral de la naturaleza de quien Dios es. Es la esencia misma de Dios, la naturaleza, la identidad- no simplemente una acción. Eso hace una gran diferencia en cómo la entendemos y como nos apropiamos de ella en nuestras vidas. Difícilmente podemos esperar conocer a Dios sin ser afectados por la santidad de Dios.

Al mirar a través de la Escritura, cada vez que se menciona la idea o un concepto relacionado parece que el significado es diferente y se utiliza una palabra diferente. A veces Dios quiere que las personas se santifiquen a sí mismas, que es el proceso por el cual se llega a ser santo. Otras veces, se les dice a las personas que santifiquen objetos o animales. A menudo el agente es Dios o el Espíritu de Dios. En otras ocasiones es gente, o incluso lugares.

Santo, santidad, santificación, purificado, apartado, perfeccionado- todos estos términos transmiten alguna dimensión de este gran tema en las Escrituras que intenta mostrar la santidad de Dios. En las diferentes palabras intentamos encontrar lo común. De hecho, es esta diversidad de referencia y la falta de claridad lo que tal vez mejor transmita el poder de la santidad para nosotros.

Puede que pienses que estoy loco al decir que la falta de claridad es algo bueno. Pero eso es exactamente lo que quiero decir. Puesto que la santidad describe la naturaleza de Dios, no sólo las acciones de Dios hacia nosotros, me preocuparía si pudiéramos describirla claramente. Eso significaría que Dios es bastante pequeño. Puesto que la vida plena significa vivir una vida llena del Maestro, que es por naturaleza santo, es más grande que nuestra capacidad de analizar, diseccionar, analizar y contener. Y eso es lo que hace que sea tan emocionante el perseguirla, y que sea tan poderosa para transformar nuestra vida diaria.

Tres dimensiones

La vida plena es más relacional que proposicional. No se puede reducir a una fórmula. Tampoco es simplemente una doctrina que puede ser adquirida por el estudio o a la que damos asentimiento mental. Eso sería como admirar la obra de arte sin reconocer al artista, dando más importancia a la obra maestra que al maestro. Más bien, comienza en la naturaleza de Dios y se desborda en una relación transformadora. Y esa transformación no se limita a una persona o a un grupo de personas. Incluye todo lo que Dios hizo primero y completo.

La vida plena es descriptiva más que prescriptiva. No es un elixir que tomamos para arreglar todos los problemas de nuestra condición quebrada. No puedes practicar una vida plena simplemente conforme a reglas predeterminadas o expectativas de comportamiento- ya sean estas establecidas por tus propias esperanzas o por algún esfuerzo organizado para crear códigos morales. No se logra aplicando una fórmula prescrita.

Más bien, la vida plena es el resultado de dejar que el Maestro (Señor y Amo), que es santo, sea visto a través de la naturaleza y las prioridades de tu vida diaria. Por supuesto, la palabra importante allí es "voluntariamente". Renunciar al control para determinar la naturaleza de tu vida y lo que es importante para ti es un gran paso de liberación y vulnerabilidad. Es un acto de la voluntad, una decisión que tomas. Es la evidencia de vivir completamente lleno del Maestro.

La vida plena es centrada más que limitada. No se dibuja un círculo alrededor de una gama de comportamientos o creencias que son permisibles y luego se adopta una mentalidad de fortaleza contra cualquier amenaza a los límites. En lugar de miedo a una contaminación debido a un pensamiento extraño, la vida plena acoge el mismo debido al alcance de su influencia. Se centra en el conocimiento profundo y relacional de la naturaleza santa de Dios. Desde ese lugar seguro y centrado, la vida diaria toma la libertad de explorar hacia afuera e influir en las decisiones que tomas todos los días. No es clausurado y proteccionista, es generoso e influyente. No está enfocado hacia el interior, sino externamente expansionista.

Entonces, ¿cómo podría ser una persona que camina por su jornada de vida lleno del Maestro? ¿Cuáles son los descriptores de quien persigue la santidad? ¿Cuáles son los resultados que dan evidencia de una vida que está moldeada por la naturaleza santa de Dios? ¿Cuál puede ser una imagen viviente de alguien que refleje al santo Maestro? No es que estos resultados se conviertan en el objeto que se pretende; son un resultado, descriptores, evidencia visible de un santo Maestro que forma tu vida vibrantemente en el reflejo de Su santa naturaleza. Vivir lleno del Maestro transforma tu naturaleza para volverte santo como Dios es santo. Reordena tus prioridades- haciendo de las prioridades de Dios tus prioridades.

Esto es una Vida Plena.

CAPÍTULO UNO

ARTE Y EL ARTISTA

Caminaron de la mano, el padre y su pequeña hija, a través de la gran plaza frente a la Catedral de San Pedro. Este era el Vaticano. Habían disfrutado de la belleza y la energía de la historia fluyendo por toda la gran ciudad de Roma. Ahora se acercaron a lo que ambos esperaban que fuera el punto culminante de su visita.

Atravesando los pasillos de la gran estructura, siguieron al grupo turístico y finalmente pasaron por una puerta poco impresionante que los llevó reverentemente a una capilla bastante pequeña, pero de techo alto. Un silencio cayó sobre cada cabeza a la vez que se volvían hacia arriba.

Aquí estaban en la Capilla Sixtina. Nadie necesitaba decir nada. Todo el mundo sabía que era aquel techo el que atrajo a visitantes de todo el mundo. Era uno de los lugares importantes que los dos habían querido ver. Ahora aquí estaban- de pie bajo la mayor obra de arte que podían imaginar.

Con las cabezas levantadas, encontraron un lugar en el medio de la capilla. "Mira los tonos", le susurró el padre a su hija. "Fíjate en la forma de las figuras. Ve las pinceladas y la complejidad de toda la pieza."

Quería que su hija apreciara el buen arte. Y qué mejor lugar para hacerlo que en este lugar, bajo este trabajo. "Mira la mirada en la cara del hombre. Fíjate en el alcance de la mano de Dios." El padre estaba completamente concentrado, alimentado por la atención de su hija. Con sus palabras, la invitó a ver todos los detalles del trabajo que había estudiado en previsión de esta visita. Luego se quedó sin palabras; llegó al final de sus observaciones. Ahora era sólo silencio, el fin del ruido. Reflexión. Dejar que las imágenes hicieran su trabajo. Las emociones internas eran inexplicables.

Entonces ella expresó una pregunta muy tranquila.

"¿Qué clase de persona fue este artista para haber creado tal obra?"

Sin pretensiones y sin esperar ninguna respuesta real, la hija expresó la pregunta natural que le surgió en ese momento. En la quietud y aturdido, el padre supo en ese momento que ella había capturado el genio detrás de aquella obra maestra.

Ella había sido testigo del trabajo. Ella había apreciado la obra de arte. Ella había visto el detalle y considerado los colores y las pinceladas. Ella había mirado el trabajo artístico, y había visto al artista. En ese momento, el padre sabía que la obra de

22

arte había hecho su trabajo. Había invitado a la curiosidad de su hija a ver al artista en el trabajo de su mano. Ella lo consiguió. ¿Qué clase de persona se derramaría en tal trabajo? ¿Qué clase de personalidad reveló este trabajo? ¿Cómo refleja esta obra de arte la naturaleza de su creador? Aquella simple pregunta, -el padre sabía- era la clave para entender el arte magistral. No eran las características delicadas del producto. No eran los matices de los colores. No fueron los detalles de las pinceladas. Todo, en su totalidad, fue maravilloso.

Pero ese fue el resultado.

Lo que hizo que esta pieza fuera verdaderamente magistral fue la forma en que abrió una ventana a la naturaleza y personalidad del artista. No. Ni siquiera eso era suficiente, ya que, al declararlo de esa manera, el padre todavía estaba centrado en el arte. Lo que hizo que esta pieza fuera verdaderamente magistral fue la forma en que la persona del artista estaba presente en el arte. Reflejaba a alguien cuya vida se derramaba en sus colores y formas. Estaba lleno de esa persona. Era una extensión del creador para aquellos que tenían ojos para ver. Y su hija tenía ojos que ver.

La pareja se movió con la multitud al otro extremo de la capilla. Con una última mirada, el padre observó todo el techo con una nueva apreciación. Su enfoque se movió de la obra de arte, a la naturaleza misma del artista detrás de la obra de arte.

23

En la pregunta de su hija, el padre encontró con nueva humildad la clave que hizo de esta una obra maestra. No sólo porque era buena, sino porque estaba llena del maestro que la había creado a partir de su vida desbordante. Eso fue realmente pleno.

Y el padre pensó en la imagen que estaba sobre él — Dios que se extiende hasta llegar a tocar Su creación; y un humano que se esfuerza por tocar a su Creador. Sobre esa humanidad Dios se había derramado a sí mismo como una creación coronada. Sus criaturas llevaban Su imagen; reflejaban Su naturaleza; revelaban su totalidad. Aunque estropeada, la capacidad para reflejar al Creador se mantuvo.

El padre sabía que Dios podía dar vida de nuevo a la vibrante reflexión de Su naturaleza en cualquier ser humano que anhelaba ese toque, llegando a reflejar una vez más la naturaleza del Maestro. Anhelando una vez más estar lleno del Maestro- y ser completo. Eso fue pleno.

CAPÍTULO DOS

EL YO RESTAURADO

En nuestra sala de estar hay un espejo. Es antiguo y largo. El espejo está enmarcado en un hermoso soporte de madera con cuatro patas y un eje horizontal para que uno pueda inclinarlo hacia arriba o hacia abajo, dependiendo de lo alto que uno sea. Las llaves de filigrana de bronce aprietan el eje para mantener el espejo en posición para que no se incline aleatoriamente. La parte superior del marco en el que se sostiene el espejo está tallada maravillosamente con formas sofisticadas. Es una pieza de artesanía magistral que es bastante valiosa y adorna la sala de estar con una presencia majestuosa.

Si inclinas el espejo un poco, hay un lugar en el centro de la habitación donde puedes pararte y verte a ti mismo, de pies a cabeza. Una imagen precisa y completa de ti se refleja la cual es útil antes de salir a un evento importante. Pero tiene que estar orientado al lugar adecuado para dar una reflexión completa. En ocasiones, sin embargo, especialmente después de la limpieza, las llaves de broce a cada lado del espejo se aflojan y el espejo se mueve en el marco. Luego, cuando me paro frente al espejo, sólo puedo ver una porción de mí mismo, ¡normalmente mis rodillas y pies! Y el resto de lo que veo es un reflejo de otra cosa: el suelo

25

y la alfombra. O si se inclina hacia atrás, sólo podría ver la parte superior de mi cabeza y el techo o la parte superior de la ventana detrás de mí. Definitivamente no es una imagen completa del que está de pie y mirándose en él.

Una vez, después de que todas las decoraciones navideñas habían sido colgadas y los muebles de la sala de estar fueron reorganizados para llenar el lugar donde había estado el árbol, el espejo estaba torcido. Las llaves de bronce se habían soltado y todo el marco se había movido. Estaba dirigido en la dirección equivocada hacia la pared. No conseguimos encontrar su ubicación exacta. Estaba completamente desorientado reflejando las cosas a las que se le apuntaba.

Una Reflexión Completa

Cuando Dios te creó, fue como si hubiera hecho un espejo. Cuando miró al espejo, enmarcado por los otros elementos de Su creación, vio un reflejo completo y claro de Su propia imagen. Aunque el marco era bueno, cuando vio la imagen de Sí mismo sobre nosotros, Dios dijo: "Es muy bueno". No es una declaración narcisista o una afirmación egoísta. Fue simplemente una declaración de reconocimiento de que lo que vio era un buen reflejo de lo que realmente valoraba. El propio carácter de santidad de Dios le devolvía la mirada. Eso estuvo muy bien.

Pero parte de esa imagen incluía la capacidad de elegir: tender la mano y aflojar las llaves y apuntar al espejo. Ese libre albedrío hizo posible que la humanidad en su totalidad decidiera a dónde quería señalar y determinar su propia orientación. Decidimos alejarnos de Dios. Apuntamos en una dirección diferente señalando a un punto de referencia diferente. Nuestro motivo fue el egoísmo y el resultado es que naturalmente reflejamos otras cosas que satisfacen o alimentan aquello que nos importa.

Oh seguro, tuvimos algo de ayuda de alguien que realmente no quería que nos concentráramos en Dios — Satanás— pero en última instancia la elección fue nuestra. Y sigue siendo cada día.

"¿Cuál es la orientación de mi vida?", podríamos preguntarnos. "¿Está en el centro de la habitación donde Dios está buscando Su reflejo de nuevo? ¿Está en alguna otra dirección de mi propia elección donde reflejo una imagen diferente?"

Me doy cuenta de que la analogía se descompone en un punto importante. La imagen de Dios existe dentro de cada persona, ya sea que esté apuntando a Dios o no. Al girar hacia un punto de referencia diferente, esa imagen se oscurece. Está cubierto por otras prioridades. Se deforma y se distorsiona debido a la agenda egoísta y, por lo tanto, necesita ser reorientada.

Pero la realidad de la imagen de Dios reflejada por un espejo creado e impreso con la naturaleza de Dios captura la esencia de nuestra relación con El y establece la base para comprender más plenamente la obra de salvación de Dios.

Verás, la salvación no es simplemente conseguir un boleto al cielo para que puedas boicotear el infierno. No es simplemente decir la oración del pecador para que tu nombre esté escrito en el libro del cielo. No es sólo el trabajo de pagar la penalidad por el pecado. La salvación es mucho más.

Restaurando la Imagen

Cuando reconocemos la naturaleza de cómo fuimos creados a imagen de Dios y no reflejamos bien esa imagen, la salvación se vuelve más progresiva. Cuando vemos que la naturaleza del pecado viene de dentro de nosotros y no es simplemente una fuerza externa que se nos impone, la salvación se vuelve re-orientadora. Cuando vemos que el pecado es una enfermedad que ha hecho que la imagen se deforme, la salvación se vuelve curativa. Cuando vemos la tristeza en el corazón de Dios cuando nos centramos en algo que no sea a Sí mismo en amor recíproco, la salvación se vuelve relacional. Cuando vemos que el campo de batalla no es tanto externo a nosotros en el paisaje cósmico, sino más bien dentro de nosotros, luchando por nuestra voluntad de elegir un punto de referencia para reflejar, la salvación se vuelve personal.

La salvación es la restauración de la imagen de Dios en nosotros. Está progresando más allá del momento en que decimos la oración del pecador. Es reorientada a medida que la propensión a inclinarse hacia la actividad pecaminosa da paso a ajustar nuestra orientación de vida hacia Cristo. Es sanación entretejida por la gracia de Dios en el quebrantamiento de tu vida causando la plenitud que está integrada y saludable. Es relacional a medida que el amor motivador de Dios comienza a reflejarse en un amor profundo que te motiva en la acción relacional hacia ti mismo y hacia los demás. La salvación es la restauración de la imagen de Dios en nosotros.

Es cierto que la mayoría de nosotros, si hemos sido cristianos por mucho tiempo, hemos tenido frases domesticadas martilladas en nuestro vocabulario y definidas en términos doctrinales. Arrepentimiento, justificación, regeneración, adopción, santificación, por nombrar algunos. No hay nada de malo con estas palabras, a menos que su significado doctrinal se convierta en la prueba de fuego que nos salva.1 Cada una de estas palabras describe un componente de este gran concepto de salvación plena. Todo es parte del proceso de restaurar la imagen de Dios en nosotros.

Por muchas razones, la salvación se asocia con mayor frecuencia con un único acto de "salvarse". Nos referimos a ese momento cuando alguien acepta personalmente a Jesús en su corazón y confía en Cristo para su destino eterno. Si bien eso es esencial y necesario, no es la imagen completa. La salvación completa está reorientando el espejo hacia el frente. Es inclinar el espejo de nuevo a cómo se hizo, de modo que cuando Dios se para en medio de la habitación y se ve, se ve a sí mismo una vez más. Ser restaurado es mucho más que solo ser "salvo".

Arrepentimiento

Ser restaurado comienza con lo que hemos descrito como arrepentimiento. Eso significa girar. Significa abandonar un enfoque y volverse hacia otro. Es mucho más que simplemente alejarse del pecado, también incluye volverse hacia Dios.

Escuché a Dale Winslow, pastor de una iglesia en California describir el arrepentimiento con dos ejemplos básicos. Cuando me dirijo al Este por la Interestatal 10 desde L.A. hacia Palm Springs y me doy cuenta de que olvidé mi billetera, me salgo de la autopista, cruzo en un puente, y voy en la otra dirección para volver a buscar mi billetera. Me arrepiento de ir al Este y empezar a ir hacia el Oeste.

Algo catalítico causa ese tipo de arrepentimiento. Por lo general, se asocia con el recuerdo. Recordando que olvidó su billetera; o recordar que el tipo de vida que está viviendo no es cómo se hizo o para lo que estaba destinado. Algo profundo en el interior recuerda la huella que tiene un propósito superior. A menudo llamamos a ese momento catalítico de recordar, convicción. Es cuando de repente la verdad de algo llega a la delantera de tu mente. Recuerdas y sabes que tienes que hacer algo para corregirlo. El Espíritu Santo de Dios está constantemente tratando de despertar ese recuerdo. La Gracia de Dios está trabajando incluso antes de que decidas. Y el arrepentimiento es cuando dices, "Sí, recuerdo mi billetera y haré algo al respecto. Voy a girar de dirigirme al Este y empezaré a ir hacia el Oeste.

El arrepentimiento es el resultado de una convicción interior. Me siento convencido de que lo que estoy haciendo y la condición en la que estoy, no está bien. Así que me doy vuelta. En el centro de esa convicción está recordar. En los profundos recovecos de tu ser, la imagen impresa en ti por tu Creador agita y busca el reconocimiento. Comienza un despertar poco a poco, como si se estuviese saliendo del coma de una vida egoísta anestesiada. Y con la ayuda del Espíritu Santo te vuelves, giras.

Pero el arrepentimiento también sucede cuando estás bien en tu camino de regreso al Oeste. Cuando estás en el carril

31

central de la autopista hacia el Oeste, puedes notar un camión por delante. Y sabes que chocarás si sigues adelante. Así que eliges cambiar de carril con el fin de proceder sin obstáculos en tu camino hacia adelante. Te arrepientes de estar en el carril central y te desplazas a la vía rápida para progresar sin obstáculos. El arrepentimiento continúa como una disposición de tu vida a medida que avanzas negociando los muchos obstáculos en tu camino. Una vida despertada que se dirige hacia el Oeste a veces puede tomar malas decisiones que resultan en estar atrapado en un atasco. Pero con la gracia de Dios que sigue formando tu vida cada vez más a la imagen de Dios, aprendes y creces en el arrepentimiento de las cosas que te retrasan o que agravan el camino libre.

Justificación

Esta palabra probablemente más que cualquier otra captura lo que más a menudo imaginamos que es la salvación. Es un punto en el tiempo en el que algo dramático sucede. Es un solo momento después del cual todo es diferente. La justificación es un término judicial. Y es una declaración.

Si usted se presenta en un tribunal ante el juez por lo general significa que está en juicio por alguna acción. La pregunta es si lo que hiciste estaba justificado o no. Se presentan argumentos. Pero en algún momento el juez levanta el mazo y lo deja caer con la declaración de culpabilidad o no culpable. En ese momento se toma una decisión y usted está justificado o no en lo que ha hecho.

Estás expuesto en un gran tribunal y Dios te mira para determinar tu culpabilidad o inocencia. Cuando reclamas la obra de Jesús a tu favor, hay un punto en el que el mazo baja y en ese momento eres declarado inocente. Se dice que estás justificado en tu acción. No justificado por la acción que te llevo allí para empezar, sino que eres justificado al confiar en la obra de Cristo por ti.

Este es el punto donde vemos la singularidad del camino que te lleva a ser restaurado a imagen de Dios. No hay otra defensa, ningún otro medio, ningún otro argumento, ningún otro defensor excepto la persona de Jesucristo cuya obra permitirá que el mazo de Dios llegue con un veredicto de no culpabilidad. En ese momento se declara que estás justificado.

Regeneración

La gracia de Dios —o la presencia de Dios— ha estado funcionando durante mucho tiempo incluso antes de la justificación, o antes de "salvarte". Es la única manera en que tienes la capacidad de decir que sí. Es esa gracia que te empuja y te recuerda que fuiste hecho para algo.

Pero ahora que has decidido confiar en la obra de Cristo para que puedas ser justificado frente a Dios, se abren nuevas oportunidades. De repente hay un despertar dentro de ti. Es como si una nueva vida empezara a crecer. Nuevos intereses brillan. Crecen nuevos deseos. Nuevas ideas se arraigan. La vida que estaba impresa en ti comienza a despertar de un sueño profundo y largo. En realidad, no son nuevos en absoluto. Ellos han estado latentes y subvertidos bajo la influencia de tu propio egoísmo.

Lo que estaba vivo había muerto cuando el espejo estaba apuntando a otro lugar que no fuera su fuente de vida. Pero ahora que estás siendo reorientado hacia Dios de nuevo, la vida comienza a brillar. Lo que estaba muerto comienza a volver a estar vivo. La vida se está regenerando y empezando a crecer. Pasiones, intereses, habilidades, sentidos, dones, todo participando -como si fuera la primera vez- con el resto de la creación de Dios. Ahora empiezas a ver las cosas de manera diferente y la vida adquiere gradualmente un nuevo significado. No significa que las consecuencias de tus malas decisiones antes de ahora desaparezcan. Sin embargo, eso significa que esas consecuencias pueden ser creadoras de la nueva vida que se está formando en ti.

Adopción

Con la nueva vida viene un reconocimiento que no se le da exclusivamente a una persona. Más bien es una vida que invita a ser uno con la fuente de vida y a mantener una interrelación con los demás que también se están restaurando. En ese sentido, entonces, es como formar parte de una familia.

Por supuesto, formar parte de una familia también lleva con ello la responsabilidad de aprender los valores y principios familiares. Ser adoptado es fácil. Requiere algunas decisiones y trabajo legal. Llega un momento en que se toma la decisión de que usted es adoptado. El mazo baja y está hecho. Pero vivir en la nueva familia es otro asunto en conjunto.

Los patrones sociales, las relaciones, los valores, las prioridades, la comunicación y la interdependencia se convierten en un viaje de desarrollo de por vida en la persona recién adoptada. La parte más difícil de la adopción no es ser adoptado, sino adaptarse a la nueva familia. Esta familia tiene reglas y pautas. Hay patrones aceptables de comportamiento y algunos que no lo son. Hay acciones que están bien y algunas que no. Ajustarse a ellas puede ser un proceso lleno de tensión y frustración.

Cada familia tiene sus principios y valores. La familia de Dios no es una excepción. Aprenderlos y ajustar tu vida diaria de acuerdo con ellos es un proceso largo. Cuanto más practiques, más natural se vuelve. En la familia de Dios, esos valores familiares se encuentran mejor en los principios del Reino. Esa es la familia de Dios y Su Reino tiene un ambiente y valores que son propios.

Para descubrirlos, podrías intentar mirar a través del Nuevo Testamento. Dondequiera que veas las palabras "unos a otros" o "uno a otro" encontrarás un valor familiar. En la medida que abrazas esos valores familiares, comienzas a descubrir que se convierten en segunda naturaleza para ti. Y muy pronto los ves no tanto como restricciones sino como principios que guían tu vida.

Santificación

Todo este viaje de llegar a ser como Cristo y ahora como miembro de la familia, es realmente parte de la santificación. Pero llega un punto en que la inclinación primordial hacia la vida egoísta y hacia lo extraño da paso a una inclinación primaria hacia Dios y Su imagen. El espejo se reajusta significativamente y ahora es una cuestión de afinar para refinar y enmarcar la imagen en mayor plenitud.

¿Será posible cometer un error y girar el espejo en el camino equivocado? Claro. Esa posibilidad siempre existe. Pero la atracción magnética es cada vez más hacia Aquel en el centro de la habitación, no a alguna otra imagen por encima de tu cabeza o en una dirección diferente.

La santificación es el camino en el que se toman decisiones significativas por las cuales dejas de lado tu obsesión contigo mismo y con otras cosas y te vuelves a conectar internamente para reflejar bien a Cristo. Puesto que Cristo es la imagen perfecta de Dios, seguimos Su modelo al ser restaurados. En Cristo se vio la plenitud de Dios. En Cristo hemos visto la gloria de Dios. Así que en la santificación estamos siendo transformados en la semejanza de Jesús.

La palabra santificación, más que ninguna otra, es malinterpretada. Tal vez el malentendido es porque hay tantos usos de ella en la Biblia. También tal vez es porque la asociamos tanto con las reglas y regulaciones de una vida cristiana. Pero en realidad esta palabra no se trata de restricciones. No se trata de definir comportamientos. No se trata de doctrinas exclusivas. No se trata de estar libre de reglas. Se trata de vivir más allá de las reglas, en la libertad, sin restricciones de reflejar la naturaleza y la prioridad de Cristo, que es la imagen perfecta de Dios.

Es evidente que hay muchas dimensiones en la vida de una persona que se ven afectadas por no estar orientadas hacia el centro de la sala, hacia Dios. Es imposible reflejar Su imagen en ti si no apuntas en esa dirección. Las prioridades egoístas tienen preminencia. El poder está fuera de lugar. La vida está redefinida. Los valores se deforman y se retuercen. La ambición se contamina. El pecado se acomoda. El yo está roto. Las relaciones están desequilibradas.

El efecto destructivo del pecado proviene de estar orientado hacia otro punto de referencia. Se vence al abrirse y relajarse con la ayuda del Espíritu Santo que obrará la restauración en ti. Tu parte es rendirte y permitir que el Espíritu de Dios obre. No es abdicación pasiva. Te comprometes activamente a rendirte, a ser conocido, a ser influenciado por el efecto natural del Dios que te rehace como Él te concibió, totalmente humano.

En la santificación tu caminas por el sendero de afinar el objetivo de tu vida con la ayuda del Espíritu para que la plenitud de la imagen de Dios sea capturada y hecha real en ti. El marco está orientado adecuadamente para reflejar a Cristo. La imagen se está restaurando.

Escritura para examinar: *Génesis 1:26-28*

Idea teológica para meditar: *La imagen de Dios*

Peligro para evitar: *Terapia de autoayuda*

Preguntas para hacerte:

1. ¿Hacia dónde apunta mi vida? ¿Hacia la plenitud de Dios o hacia otro?

2. ¿De qué maneras mi vida refleja el objetivo principal hacia el que me dirijo?

3. ¿Cómo puedo reorientar mi vida para reflejar más perfectamente la naturaleza de Dios?

4. Al hacer un inventario de mi vida, ¿dónde me encuentro en cuanto a apropiarme de la salvación para mi vida? ¿Me he arrepentido y me he vuelto a Dios? ¿He confiado en la defensa de Cristo por mis pecados? ¿Cómo estoy creciendo en cuanto a reflejar a Cristo cuya imagen está en mí?

Una oración en respuesta:

¿De qué se trata mi vida, oh, Señor?

¿En esforzarse y lograrlo?

No lo creo.

¿Es para hablar y decir?

Seguramente no.

¿Es para dirigir y diseñar?

No según tu diseño.

¿De qué se trata mi vida?

Parece que es.

Sí, un reflejo del Uno.

Para transmitir la imagen impresa en mí.

No para controlar, sino para responder.

No para dirigir, sino para modelar.

Al inclinarte, oh, Señor, así me inclino yo,

En humilde sumisión a mi circunstancia

Y así revelar la joya de Tu Reino.

No vinculado por la situación, sino en contraste.

Abrazando los eventos, los que sean,

y mostrando tu imagen

en cualquier circunstancia que encuentre.

Al inclinarte, oh, Señor, así me inclino yo, y descubro de qué se trata mi vida.

CAPÍTULO TRES

CARÁCTER TRANSFORMADO

"Transpórtame, Scottie."

¿Recuerdas Star Trek y la famosa sala de transporte de la nave estelar Enterprise? Resulta que el capitán Kirk nunca pronunció esas cuatro palabras exactas en la serie de televisión que se emitió a finales de la década de 1960, y el ingeniero Scott rara vez dirigía el transportador él mismo. Pero la frase se ha metido en nuestra cultura. Cuando Kirk diera la orden, Scottie movería las diapositivas transportadoras con la precisión de un cirujano y Kirk se materializaría desde su misión en algún planeta distante. En el proceso, su cuerpo fue "desmaterializado", transportado a través de kilómetros en el espacio, y "re-materializado" de forma segura en la sala de transporte de su nave espacial.

Probablemente te has acostumbrado tanto a la idea del transporte que no has pensado mucho en lo que la palabra implica. La Agencia de Seguridad en el Transporte está siempre presente en los aeropuertos. El transporte público es una necesidad para cualquier persona en un entorno urbano. Mira los lados de la mayoría de los camiones en la carretera. La palabra describe su función básica de mover material de un lugar a otro.

La idea de transportación implica dos o más lugares. Hay un lugar de partida y un destino. La parte de la palabra que nos da la clave es trans, que significa por encima o más allá, e implica más de uno. Cuando transportas algo lo estás moviendo de un lugar a otro. Así que, transporte se ocupa de múltiples ubicaciones.

De manera similar, en la idea de transformación se implica múltiples. Sólo que en este caso no se trata de varias ubicaciones, sino de varias condiciones. Transformamos algo cuando lo cambiamos de una condición a otra. Sucede gradual o rápidamente. Algo se hace de nuevo, o de alguna manera diferente cuando lo transformamos.

Transformas tu cuerpo cuando sigues una dieta, de grueso a delgado. Transformas tu imagen cuando cambias tu peinado o tus guardarropas, de casual a elegante. Transformas tu entorno de trabajo cuando estableces nuevas expectativas o procedimientos, de jefe con control a empoderamiento.

En cada caso de transformación están presentes dos cosas: La posibilidad de opciones y el poder de elegir. No se puede transformar algo de una condición a la misma condición más de lo que se puede transportar algo sin moverlo. Eso es estancamiento. Para que la transformación realmente suceda, una condición nueva o diferente debe ser una posibilidad. Y como hay múltiples condiciones disponibles, usted tiene la capacidad de elegir qué condición será suya.

Cuando hablemos de carácter transformado, entonces, ten en cuenta esos factores. Esto significa que tienes una opción entre múltiples opciones de condiciones que serán suyas. La vida plena significa que tomas la decisión de dejar que la condición de tu vida esté caracterizada por el Maestro que la llena. Al perseguir la santidad, el Maestro es Dios que está perfectamente encarnado en Jesús. Y así la naturaleza de santidad de Dios es la condición que comienza a ser vista como tu naturaleza mientras eres transformado. Tu vida se parece a Cristo.

Cuando estés lleno del Maestro, la transformación será una consecuencia natural. No es que compres una condición de vida como comprar un coche nuevo, eligiendo las opciones y características que deseas. Tomas una decisión con respecto a qué maestro será tu punto de referencia. ¿Qué amo dejarás que te llene e influya? Una vez que hagas esa elección, tu vida comenzará a asumir las características de ese maestro. Con el tiempo, con cada circunstancia a lo largo de tu camino, te volverás más y más como el Maestro en ti. Y en eso, estás siendo transformado a una nueva condición. Una condición que es característica de quien te llena.

Así que una de las preguntas más importantes que puedes hacerte es esta: ¿Quién es tu amo?

La respuesta determinará el tipo de vida que llevarás, ya que el Maestro o el Amo, da forma a la vida del siervo. Si tu amo es el dinero, te volverás codicioso. Si tu amo es el poder, te volverás abusivo. Si tu amo es la posición, te convertirás en un manipulador. Si tu amo eres tú mismo, te volverás egoísta. Si tu amo es Dios, llegarás a ser semejante a Cristo. El tema bíblico para esta característica de la vida plena se describe mejor en Romanos 12, donde leemos: "No se conformen a este mundo, sino transfórmense..." Es aún más obvio en el cambio que se produce entre Romanos 7 y Romanos 8. En Romanos 7, Pablo lucha por comportarse de buena manera contra la influencia de su naturaleza interior. En Romanos 8 experimenta la libertad que se regocija en el énfasis natural del Espíritu que proviene de una naturaleza que se basa en el Espíritu. Un cambio ocurre en la naturaleza de una persona. El punto de referencia cambia y se produce la transformación.

Al describir la transformación del carácter que proviene de estar lleno de Cristo, es apropiado entender lo mejor que podamos ese nuevo punto de referencia. Después de todo, estar lleno del Maestro significa que nuestra vida evidenciará las características de Dios. La transformación a una nueva condición de la semejanza de Cristo, entonces, se hace más clara.

Separados

Dios es santo. Antes de que empieces a describir las características de lo que eso significa, solo recuerda que simplemente dicho, la santidad de Dios significa que es completamente "otro". La mayoría de nosotros inmediatamente tratamos de poner más definiciones sobre la santidad incluso cuando la atribuimos a Dios. Podemos decir que significa que es bueno, o puro, o amoroso, o justo. Todas esas cosas son ciertas. Pero la conclusión es que la santidad de Dios se describe mejor como que es "otro". Cualquier cosa que no sea de Dios, entonces no es santa. Y cuanto más lejos estás de Dios, menos santa será tu condición.

Dios es Su propio punto de referencia. El amor puro proviene de la santidad de Dios; la bondad pura proviene de la santidad de Dios; la justicia pura proviene de la santidad de Dios. Todas estas cosas son puras, completas y enteras porque provienen de la naturaleza de Dios que está separado de cualquier cosa que las contamine o diluya. Dios es el punto de partida. Todo lo demás es algo menos.

La proximidad es importante para apropiarse de la naturaleza de Dios en tu vida. Cuando eliges caminar activamente con Dios a través de una relación personal con Cristo, el Espíritu Santo te ayuda a comenzar la transformación para llegar a ser como Dios, santo, tal como es santo. De repente empiezas a ver lo diferente que es Dios de la vida sucia o comprometida a la que te has acostumbrado.

Dios comienza a llevarte a una nueva condición que es como Su condición de "otro" o separado. Esto sucede porque estás lleno de un Amo y Señor cuya característica principal es la santidad. Esa característica también se convierte en una tuya. Recuerda, sin embargo, que no sucede en contra de tu voluntad. Ser transformado en una nueva condición significa dejar de lado algunas características de lo antiguo, y se hacen en una nueva condición debido a su elección de vivir diariamente lleno de este Maestro. El efecto o resultado es natural.

Una de las dificultades de este tipo de transformación es la posibilidad de llegar a ser extremos en nuestro propio celo. Es fácil caer presa de la tentación de pensar que porque somos separados somos diferentes. Hasta cierto punto, realmente somos diferentes. Pero eso puede llevar fácilmente a la desvinculación y, en última instancia, al antagonismo, si no tenemos cuidado.

Así es como funciona. Si estoy separado, entonces debería usar mi propia energía para asegurarme de no asociarme con nada que perciba como impuro o profano. Trabajo duro para mantenerme separado, sin contaminación y diferente de la falta de santidad. Incluso puedo llegar a establecer reglas para vivir, requisitos para vivir a la vanguardia y límites que no debería cruzar a riesgo de ser contaminado por la falta de santidad. Mientras me quede desasociado con esas cosas, me mantendré santo y puro.

Muy rápidamente se puede ver cómo eso conduce a una actitud altiva, e incluso al exclusivismo. Somos santos, por lo tanto, mejores. Y no nos asociamos con personas ni con cosas profanas. Nos convertimos entonces en un grupo exclusivo.

Lo que es peor es tratar de imponer ese exclusivismo a los demás, incluso a otros cristianos, diciéndoles que no son tan buenos porque no evitan esas mismas cosas. Esa es la peor forma de legalismo. Es completamente inconsistente con la naturaleza de Dios y fuera de sincronía con la transformación que el Espíritu Santo está tratando de lograr.

Esas líneas de segregación son límites artificiales que hemos impuesto a una obra de Dios destinada a llevar la sanidad a la vida que se rompe por falta de propósito. Crea segregación y división donde Dios está tratando de lograr la integridad.

Sí, la santidad significa ser apartado. Pero no, no significa volverse antagónico en esa separación. Uno se está transformando en una condición de "otro" porque la naturaleza del Maestro está encon-trando efecto, no porque estemos haciendo cosas que nos hacen mejores.

La descripción de Pablo en el segundo capítulo de su Epístola a Colosenses captura bien la orden. Señala claramente que descartamos la naturaleza antigua con sus prácticas, y nos ponemos la nueva naturaleza con sus prácticas. La transformación de nuestra naturaleza precede a los comportamientos alterados. Las acciones fluirán naturalmente de una nueva condición.2 Nos quitamos el abrigo de la injusticia, con sus comportamientos resultantes, y nos ponemos el nuevo abrigo de rectitud, con sus comportamientos. Es por lo que a menudo asociamos la santidad con la pureza del corazón.

Claramente hay espacio para participar en comportamientos o prácticas como un medio para afectar nuestro carácter. Los comportamientos repetidos diseñados para afectar nuestro carácter se llaman disciplinas. Con el tiempo, los hábitos comienzan a tener un efecto en nuestra naturaleza. Pero Pablo está tratando de ayudarnos a entender que el objetivo es una naturaleza transformada. De ahí vendrán nuevas prácticas. Trabajar en nuestros comportamientos está bien al principio en la medida en que entendemos que éstos son una herramienta útil de Dios para transformar nuestro carácter. Pero la transformación de la persona es la prioridad.

El Río Santo de Dios

Ezequiel pinta un cuadro maravilloso que captura el espíritu de esta idea. En el capítulo 47, el predicador describe un río. El agua es "el otro" o la santidad de Dios y del pueblo de Dios en la medida en que reflejan la naturaleza santa de Dios. La suciedad a lo largo de los lados es la seguridad de aquello a lo que nos hemos acostumbrado en nuestra propia naturaleza. Para decirlo como es, el agua es la santidad de Dios, y los bancos de tierra son el mundo y nuestras agendas. Cada uno es claramente diferente del otro. Son diferentes en su esencia.

Fíjate en el origen del río. Es un río que comienza en el templo de Dios. Ahí es donde mora Dios. Tiene su origen sólo en Dios. No está formado por el esfuerzo humano - comités, organizaciones, doctrinas o incluso una voluntad obstinada. La santidad no sucede porque decides hacer cosas que parecen santas. No se basa en la fuerza de tu voluntad para hacer más o esforzarte más. Tampoco proviene de los comités de doctrina de las iglesias o de cualquier otro grupo. Viene simple y sencillamente del corazón de Dios.

Además, nadie tiene una esquina en él. No pertenece a nadie ni a todos. Reclamar un rincón en el mercado de la santidad presupone una posición favorecida en lo que claramente fluye única y completamente sólo de Dios.

Ahora viene la invitación a entrar en el río. Es un imán que te atrae. El hombre de la visión invitó a Ezequiel a entrar en el agua. Él está de acuerdo- al menos hasta los tobillos. Definitivamente está en el río, sin duda. Pero piénsalo: ¿dónde están plantados sus pies? Él está en el río, pero depende del lodo que está bajo sus pies. Es como un agradable paseo a lo largo del borde del agua. No es peligroso, y no causa demasiado inconveniente. Disfrutas del agua, pero permaneces seguro parado sobre tus propios pies firmemente arraigados en la confianza de tu propia habilidad.

¿Alguna vez has estado parado a la altura de tus tobillos en el agua de un río en movimiento rápido, o tal vez en la orilla de una playa? Usted puede disfrutar del agua fría, pero sus pies están incrustados en la arena. El agua corre y con el tiempo, la arena comienza a erosionarse por debajo de tus pies. Esa es la forma que tiene el agua de tratar de convencerte de que confíes en ella, y no en el barro o la arena. Cuando demasiada arena se ha ido de debajo de tus pies, se reduce el nivel de seguridad. Entonces, ¿qué haces? Cambias de lugar.

Nosotros, en nuestra vasta inseguridad y falta de confianza, movemos nuestros pies para encontrar un suelo nuevo y más firme sobre el cual plantarnos. La idea de no tener tierra sólida bajo nuestros pies es aterradora. Confiar en nuestra propia energía, habilidades y destino es así. Y cuando nos encontramos erosionados, nos movemos rápidamente para establecer nuestros cimientos sobre lo que sabemos, a lo que nos hemos acostumbrado, a lo que podemos controlar, en lo que está en nuestra naturaleza.

Pero no se detiene ahí. El hombre invita a Ezequiel a moverse más profundo en el río. Así que él responde y camina hasta tener el agua a la altura de las rodillas. Está en el agua, pero aún con los pies firmemente plantados en lo que sabe- el lodo. Y observa pasar el río. Pero el agua se está moviendo un poco más alrededor de sus piernas. Empujando un poco contra él, aunque no tanto que no pueda soportar.

Una vez más la invitación es a adentrarse más profundamente en la corriente sagrada de Dios. Ahora, el agua alcanza hasta su cintura. Ahora es más difícil. El agua está revuelta a su alrededor. Empujándolo con mayor presión para ceder al flujo del río. Ese es el Espíritu diciendo, "Confía en mí. Ríndete. Se. Se transformado."

Por miedo a ser arrastrados, seguimos firmemente arraigados con nuestros pies en nuestra propia seguridad. Estamos en el río. Sin duda alguna. Somos creyentes, pero seguimos dependiendo de nuestra propia capacidad de negociar los muchos compartimentos de nuestra vida en nuestro camino cristiano. Así que nos quedamos en el río en nuestros propios términos. "¡Seré un seguidor de Cristo, pero uno que tenga el control!" Sin embargo, el Espíritu presiona, empuja, te incita, te anima a soltarte. Para que te rindas. Para que completes la inmersión.

Y de nuevo, Ezequiel es invitado aún más profundo en el río. Y allí encuentra que es un río que no puede cruzar. El nivel del agua está sobre la cabeza. Y en medio del río no puede tocar fondo.

¿Alguna vez has intentado caminar hacia el océano o hacia la profundidad de un río? Llega un punto en el que sabes que el nivel del agua está sobre tu cabeza. Te paras en la punta de los dedos de los pies, tratando desesperadamente de mantener el control, de tocar el fondo, de evitar que el agua te lleve. Esto sucede por lo general, por miedo a ahogarse, o al menos por temor a perder el control. Tus pies tratan de sostenerse al menos de un dedo del pie. Pero llega un punto en el que tienes que decidir. Y es una gran decisión- ya no puedes confiar en la seguridad del fondo en la parte inferior o en tu capacidad para alcanzarlo. Más bien, ahora solo puedes confiar en el río. Creer honestamente que te sostendrá. Es un momento crítico. Es un cambio radical donde dejas de confiar en tu propia habilidad y comienzas a confiar en el río. Dejas tu propio control y te rindes completamente. Me rindo. Ya no puedo tocar el fondo. Ya no puedo controlar mi estabilidad.

Y en ese momento, se produce una transformación en la que tu propio miedo a la pérdida da paso a la euforia de salir del fondo – que ahora está fuera de tu alcance— y realmente confías en el agua para sostenerte. Y lo hace. Tal vez sorprendentemente.

Sabías que lo haría, pero ahora lo estás experimentando. Estás donde el agua está por encima de tu cabeza y donde tus pies ya no pueden tocar el fondo. Estás completamente a la merced del agua y te parece confiable. De repente tienes un punto de referencia completamente nuevo. Un nuevo sentido de enfoque. Es iincreíble. Sí, te satisface. Es liberador. ¡Y completamente transformador!

En medio del río santo de Dios, donde tus pies no pueden tocar el fondo, las cosas cambian. Observa que el flujo del río ya no es una presión contra tu costado. No hay más salpicaduras en los intentos de que te muevas con él. El agua parece pacífica, porque te estás moviendo con ella, y no estas desafiantemente de pie contra ella.

Observa también que ya no peleas, más bien confías. Ya no estás motivado por el miedo, sino por el asombro. Eres parte del río. Eres uno con él, fluyendo a su ritmo y en su dirección. Te conviertes en una fuerza de movimiento con el santo río de Dios.

Y lo más importante, observa cómo cambia tu perspectiva. Solía ser que mientras permanecías con los pies firmemente plantados en el fondo, te quedabas quieto mirando el río pasar. Ahora estás en el río, viendo pasar las orillas. Todo tu punto de referencia ha cambiado.

En un acto de tu voluntad de rendirte por completo, ahora te has convertido como el río. Inmerso, saturado, completamente en su flujo. Ahora ves el mundo pasar con una perspectiva diferente. Los bancos del rio ya no son tu seguridad o tu punto de referencia. Ahora son algo por lo que estás pasando. Y sorprendentemente, dondequiera que fluya el río, brota nueva vida.

Nuestra parte

Así que, ¿dónde están tus pies? La invitación de Dios a ser santo como Él es santo; es una invitación a caminar hacia el río, hasta que tus pies ya no puedan tocar el fondo, hasta que estés sumergido. Muy adentro, donde el agua está sobre tu cabeza, donde hay unidad con el río. Allí se encuentra la flotabilidad del Espíritu. Allí hay una perspectiva que es la perspectiva del Reino mientras miras el mundo. Ves las cosas de manera diferente, no como cosas que se deben agarrar y conservar, sino como cosas que son transitorias todavía necesitadas de transformación.

Por supuesto, es fácil suponer que este viaje es uno en el que trabajamos, o que incluso podemos diseñar. Eso sería un falso entendimiento. El río ya está completo. Ya está diferenciado del desierto que lo rodea. Lo que traemos al río ni lo mejora ni lo cambiará sustancialmente. Tampoco somos víctimas del río. Lo único que traemos a la santidad de Dios es nuestro acto de la voluntad de rendirnos. No hacemos que el río sea lo que es. Sólo nos rendimos y entramos en él.

Dios nunca dominará nuestra voluntad. Pero Dios instará, persuadirá y empujará. Y en respuesta tenemos la capacidad de elegir qué condición caracterizará nuestra naturaleza. Podemos quedarnos en los bancos a la orilla del rio. O podemos quedarnos en las aguas poco profundas. O podemos caminar en plena rendición a la corriente abrumadora de la santidad transformadora de Dios, sumergidos para que reflejemos esa naturaleza.

Una naturaleza transformada no es simplemente una vida bien manejada por el control de las actividades en las que participa. Es una inmersión completa en la osadía de la naturaleza de Dios a través de un acto de nuestra voluntad de entrega. La transformación es enorme. Del miedo al asombro; desde luchar contra el río de Dios hasta fluir en armonía con él; desde confiar en la seguridad de nuestra propia naturaleza hasta confiar en la naturaleza de Dios para formarnos y sostenernos; de estar arraigados en la naturaleza del mundo como punto de referencia, a ver el mundo con los ojos de la naturaleza de Dios, que ahora es tu punto de vista principal.

Y una vez que nuestra naturaleza se transforma para reflejar lo osado de Dios, los comportamientos de repente comienzan a seguir. Porque siempre nos comportamos como lo que somos. El carácter siempre da forma a las actividades. Lo que hacemos es un reflejo de lo que somos. Así que las prácticas cambian y se vuelven sintomáticas de una nueva condición, una nueva naturaleza.

Si enfatizamos un carácter transformado como la única característica de la vida plena, los extremos de la arrogancia y el legalismo son una trampa fácil. Esta no es toda la historia. Es sólo el principio. Un carácter transformado es el punto de partida, pero el río fluye hacia adelante.

Escritura para examinar: *Romanos 12:1, 2*

Idea teológica para meditar: *Lo "otro" de Dios*

Peligro para evitar: *Legalismo sectario*

Preguntas para hacerse:

1. Haga un pequeño inventario sobre su vida. ¿Estás en el río? ¿Qué tan profundo? ¿Cuáles son las cosas a las que te aferras que te impiden renunciar a tu propio destino?

2. ¿De qué maneras sientes que el Espíritu Santo trata de instarte a rendirte más profundamente en el flujo de la santidad de Dios en ti?

3. ¿Cuáles son las cosas que regularmente tratan de atraerte de nuevo a tocar el fondo y controlar tu propia formación y futuro?

Una oración en respuesta: *"Oh Señor, me rindo completamente a la inmersión en el río de Tu santidad. Forma mi vida de acuerdo con Tu naturaleza santa. Moldéame cómo quieres para que mi ser muestre evidencia de tu obra. Sepárame de lo mundano para que mi naturaleza se convierta en una con Tu propósito eterno. Entra en mi corazón y ajústame para ti mismo".*

CAPÍTULO CUATRO

COMPROMISO RESPONSABLE

Nos emocionó mientras veíamos los preparativos que condujeron al inicio de un partido de pretemporada de los Dallas Cowboys. Sentados en el viejo estadio de Texas a la espera del comienzo del partido, no podíamos creer que estuviéramos allí. Era la primera vez que estábamos en un partido de la NFL.

Fue a principios de nuestro primer año de ministerio de tiempo completo en Dallas. Mi esposa y yo todavía estábamos descubriendo el ministerio con un idealismo asombroso. Sentíamos la emoción de estar en una nueva ciudad, una nueva iglesia, con muchas experiencias nuevas, y nunca pensamos que seríamos capaces de ver a los Cowboys en persona. Por supuesto, cualquiera que conozca a los Cowboys sabe que los fans están totalmente obsesionados. ¡Ahora estábamos en medio de 50.000 de ellos! Qué experiencia.

Nos sentamos en medio de un grupo particularmente ruidoso. Y los más ruidosos estaban justo detrás de nosotros, sus rodillas en nuestras espaldas y sus gritos los más fuertes en el estadio, o eso parecía. También les gustaba mucho sus cervezas y sus nachos. Después del revuelo inicial del juego, un par de ellos se fueron a buscar más provisiones. Era difícil creer que un par de estos tipos pudieran caber en aquellos asientos.

En un momento dado, uno de los más gordos, se centró en el juego que se desarrollaba en el campo y saltó para gritar su desaprobación de la carrera del jugador. La cerveza se desprendió de la taza de papel en su mano derecha, mientras que los nachos en su mano izquierda sólo se quedaron en el recipiente de papel porque el queso los había pegados todos juntos. ¡El hombre de cara roja y vientre cervecero soltó una ristra de obscenidades que habrían enroscado el pelo de mi madre! Me preguntaba, ¿sería que él podría hacer algo mejor que el atleta al cual gritaba?

Obviamente no dije nada para no exacerbar su ira. Pero pensé. Miré a mi alrededor un poco más y me di cuenta de que había muchos más como él. Fue una imagen increíble. Veintidós hombres bien entrenados en el campo de juego desesperadamente necesitados de descanso, y 50.000 espectadores desesperadamente necesitados de ejercicio. Y muchos de ellos gritaban desaprobación, consejos u órdenes.

Iniciando un Camino Eficiente

El camino de la santidad no es una actividad de espectadores. Requiere compromiso. Aquellos que persiguen una vida plena no se sientan en las gradas, creciendo insalubres, mientras castigan los errores o los pasos en falso de aquellos que están plenamente comprometidos en el campo de juego. Se meten en el campo. Se ensucian las manos con compromiso. Ciertamente tropiezan y a menudo se quedan cortos. Pero son mucho más que espectadores. Participan activamente. El compromiso responsable equilibra las tendencias que pueden arrastrarse cuando el objetivo de una persona transformada se enfatiza en exceso. Si bien el efecto de equiparar la santidad con la transformación del carácter puede resultar en aislamiento y separación de la cultura, el compromiso responsable impulsa la conexión y la participación en la vida que nos rodea. Procede del modelo de las Escrituras establecido por Dios en la encarnación. "La Palabra se hizo carne y habitó (moró) con nosotros."

Estas dos palabras —compromiso responsable— se eligen cuidadosamente. Al utilizar responsable no estoy sugiriendo simplemente que la actividad de compromiso es "madura" o hecha responsablemente. Por supuesto, cualquier compromiso en el que un seguidor de Cristo participará para influir en su comunidad, presumiblemente se haría de una manera madura y responsable. Pero aquí quiero decir que nos hacemos responsables de iniciar el compromiso.

A menudo es más fácil actuar como si la gracia y la santidad que disfrutamos también estuvieran disponibles para otras personas si ellas simplemente vinieran y se aprovecharan de ella. En esta expectativa pasiva, arreglamos un hermoso banquete en el salón de banquetes y nos preguntamos por qué la gente no viene a disfrutarlo. La idea de llevarles el banquete de forma tal que sea relevante para su necesidad puede que nunca se nos cruce por la mente. Sin embargo, para quien se toma en serio la vida plena, no puede siquiera imaginar que no sienta la responsabilidad de comprometerse con su comunidad de cualquier manera que sea necesaria como para hacer la diferencia.

El primer y mejor ejemplo de compromiso responsable resultó cuando elegimos hacer las cosas a nuestra forma y así creamos la separación de Dios. El no esperó con la esperanza de que volviéramos. Dios asumió la responsabilidad de iniciar un plan para involucrarnos de nuevo. Dios lo intentó de muchas maneras. Envió profetas, sacerdotes, reyes, jueces. Hebreos dice "de muchas y diversas maneras Dios habló..." Finalmente escogió una manera que sería extremadamente relevante.

Dios se convirtió en uno de nosotros. Sea lo que sea, Dios asumió la responsabilidad de comprometerse con nosotros a cualquier precio. El hecho de ser "otro" no lo dejó aislado en la trascendencia. La encarnación fue la manifestación de Su inmanencia. Dios es "otro", y sin embargo comprometido. Dios está apartado, y sin embargo inicia la conexión. Dios asumió la responsabilidad de comprometerse con nuestra situación.

Cuando vio el distanciamiento creado por nuestra decisión de pecado, la respuesta de Dios no fue permanecer aislado aun siendo "otro", sino más bien inició el compromiso que serviría como remedio a nuestra condición.

Afortunadamente, Dios no esperó hasta que iniciáramos alguna acción para acercarnos a Él. Si ese fuera el caso, probablemente seguiríamos viviendo en separación, lejos de Dios. Por amor, Dios se vio obligado a asumir la responsabilidad de sanar la fisura. Tomó medidas. Inició, se comprometió, salió para cerrar la brecha y hacer posible que nos reconciliáramos de nuevo con El.

El propósito de esa iniciativa se centró por completo en la reconciliación. Era para acercar a las personas que una vez estuvieron en unión con Dios. ¿Recuerdas? En un momento en que fuimos creados caminamos en perfecta comunión con nuestro Creador. La pérdida de esa comunión y unión y el distanciamiento resultante cargaron a Dios con la responsabilidad de actuar para hacer un camino para restaurar esa comunión de cercanía.

Sus Prioridades, Nuestras Prioridades

La vida plena, entonces, no sólo nos separará, sino que nos cargará con la responsabilidad de iniciar el compromiso pertinente. Es relevante porque está moldeado y guiado por las condiciones únicas de las personas que se encuentran lejos de Dios. Cualquiera sea la causa del distanciamiento se convierte en la preocupación de las personas que buscan reflejar la prioridad del Maestro en la reconciliación.

Durante las pasadas generaciones lo relevante era que los pobres tuvieran impreso en ellos la dignidad de aquellos creados con la imagen de Dios. Esto impulsó a los seguidores de Cristo a correr en contra de la tendencia imperante de quedar aislados en un enclave de separación que simplemente esperaba la extracción final cuando Jesús regresaría por "los suyos".

Algunas de las personas más famosas en la historia de la iglesia reciente tomaron la iniciativa de marcar la diferencia. A medida que el Maestro se hizo cada vez más evidente en sus vidas, fueron impulsados a asumir la responsabilidad de comprometerse con los heridos, con los quebrantados y con los desposeídos de manera que pudieran hacer una diferencia aquí y ahora, y no simplemente esperar el Reino que se avecinaba.

La santidad tiene que ver con proximidad. No se trata principalmente de comportamiento. La vida plena nos modifica y transforma nuestro carácter y reordena nuestras prioridades para que lo que es importante para Dios ahora se vuelva importante para nosotros. Nos pone en la búsqueda de formas significativas de reducir el abismo, reducir la separación y reconciliar a las personas que nos rodean. La prioridad de Dios es ahora reconciliar a las personas de nuevo para que tengan una relación con El mismo. Porque vivimos cerca de Dios y nuestras prioridades han sido reordenadas ahora también lo que es importante para Dios se vuelve importante para nosotros.

Esto no es una prioridad forzada. Es un trabajo natural de una vida cambiada. Lo que rompe el corazón de Dios ahora nos rompe el corazón. Lo que hace llorar a Dios, nos hace llorar. Vemos con los ojos formados a imagen de Cristo y cuando vemos lo que Él ve, nos vemos obligados por amor a tomar la iniciativa y participar en formas redentoras, creativas y relevantes que marquen la diferencia.

Si la idea de una persona transformada se ocupa de la condición interior de su vida, el compromiso responsable aborda el trabajo natural de esa condición en comportamientos y actividades que son consistentes con las prioridades de Dios. Es por esta razón que las personas plenas son a menudo las primeras en responder a las circunstancias humanas en un intento de satisfacer una necesidad. Estas personas son siervos de Dios. Su lealtad es sólo para Dios. Su naturaleza se está volviendo como la suya y sus prioridades se están realineando con las suyas. Así que cuando la corona de la creación de Dios está siendo lastimada o rota, ellos se ven obligados a participar.

En la historia reciente, algunos asuntos principales han definido las actividades de las personas plenas. La opresión de las mujeres fue uno de los dilemas sociales que agitó el corazón de la gente santa. La discriminación de los pobres, la esclavitud y el abuso. También la injusticia económica junto al descuido ambiental y la santidad de la vida. Además, las aberraciones de estilos de vida y el consumismo, hedonismo y materialismo. Tantos males que se acumulan en los corazones de la cultura humana que está alejada de Dios. Y cuando lo vemos nuestros corazones se rompen y entramos en acción para corregir la enfermedad.

Ciertamente, se trata de condiciones públicas y sociales que impulsaron a las personas plenas a un compromiso responsable. Pero debido a que la transformación del carácter personal también es de gran importancia, el dolor del pecado no confesado y la vida egoísta siguen siendo fundamentales por la carga que llevamos. Más allá de los males sociales está el quebrantamiento personal y la necesidad de compromiso para llevar la gracia y el perdón a las personas.

Verás, así como puede haber un escollo extremo por enfatizar excesivamente solo en el carácter transformado, también hay un peligro en este descriptor. Subrayar singularmente el compromiso responsable causará una comprensión sesgada de la santidad como mero activismo social. Pero ¿qué diferencia hay, entonces, entre esto y el club cívico que hace buenas obras para ayudar a la gente? El compromiso responsable sin un carácter transformado produce actividades compasivas sin la sustancia de una vida transformada.

Vivir lleno del Maestro produce una vida que no sólo está sensible a ambos, sino que da evidencia de que estos se entretejen en la fibra de la vida.

Escritura para examinar: *Lucas 18:22*

Idea teológica para meditar: *Encarnación de Dios en Jesús*

Peligro para evitar: *El activismo social y las buenas obras*

Preguntas para hacerse:

1. ¿Ves dolor, quebranto, deseos y profunda necesidad en las personas que te rodean? Cuando ves eso, ¿sientes un impulso interno de tender la mano con ayuda, o esperas a ver si otros toman la iniciativa?

2. ¿Esperas a que alguien pida ayuda, o tomas la iniciativa de llevar perfección y sanación donde puedas? ¿Qué requiere eso de ti?

3. Cuando estás activamente comprometido con los demás en traer la santidad de Dios, ¿cómo saben si esto proviene de un derramamiento del Espíritu Santo dentro de tu

propio corazón, o es simplemente un deseo personal de actuar socialmente?

Una oración en respuesta: *"Cura la condición de mi propio egoísmo y haz que mis ojos vean lo que ves. Oblígame, así como Tú te viste obligado, a inclinarte en sumisión a todas las circunstancias para hacer que el distanciado se reconciliara; el quebrantado fuera vendado; los perdidos fueran encontrados. Me atengo libremente al privilegio de mi propia temporada, para que pueda estar listo para actuar espontáneamente cuando vea a través de tus ojos".*

CAPÍTULO CINCO

RELACIONES SALUDABLES

Me senté con el hombre de mediana edad en mi oficina mientras él derramaba suavemente su dolor. Ocasionalmente haciendo una pausa para tragarse un poco de tristeza, procedió a contarme de la desesperación por su matrimonio, que había comenzado en un remolino de felicidad y anticipación.

"Nos conocimos de la manera más increíble", dijo. "Parecía que teníamos tanto en común que era una señal de Dios de que debíamos estar juntos". Continuó describiendo cómo después de sólo tres o cuatro meses, ella comenzó a degradarlo, culpándolo y acusándolo por la falta de alegría y unidad entre ellos. "¡Sólo sale de la nada, cuando menos lo espero! Me dice que tengo que renunciar a todos mis amigos. Y lo que más duele es cuando ataca mi persona. Ella dice: 'No eres cariñoso'. "Tú no estás realmente comprometido." "Eres un farsante."

Estaba a punto de perder la paciencia cuando se dio cuenta de que tener muchas cosas en común no es lo mismo que tener unidad profunda en la relación más importante que uno puede tener.

Debido a que el cristianismo es principalmente relacional, la Iglesia crece y está formada por relaciones. Primero con Dios a través de una relación con Jesucristo, y luego con los demás al caminar juntos en el Camino de la Salvación. Y, por supuesto, las relaciones con personas que no caminan con Cristo o que no son parte de la Iglesia son siempre prioritarias, aunque son un desafío.

La esencia de una relación está determinada por un sentido de intimidad o unidad. Por lo general, no sales con gente donde no sientes esa cercanía. Es el elemento intangible de la unidad lo que te atrae a ellos. Por lo general, hay algo en el nivel más profundo que crea un vínculo, tal vez una experiencia, una meta, una forma de pensar o incluso un conjunto de valores.

Sea lo que sea, en la raíz de cualquier relación está el principio fundamental de la unidad. Eso es lo que te impulsa a conocer a alguien, a ser uno con ellos. La unidad es lo que se rompe cuando hay un cisma entre tú y un amigo. La unidad es la fibra que teje tu vida con la de otra persona. Cuanto mayor sea el sentido de unidad, más cerca estará la amistad.

Esa profunda sensación de unidad no está necesariamente ligada a gustos o aversiones particulares. De hecho, a menudo las personas que experimentan la mayor unidad tienen preferencias muy diferentes. Pero hay cierta unión elemental que trasciende las diferencias. Has oído la

70

expresión que "los polos opuestos se atraen". Ciertamente, el principio detrás de esa frase subraya el hecho de que la unidad es más que las cosas que tenemos en común.

Las relaciones saludables se basan en la unidad que permite que dos o más personas estén unidas. Los puntos problemáticos para caminar por el Camino de Cristo ocurren cuando las relaciones se rompen. Las relaciones poco saludables son la mayor causa de disfunción y mala salud en la iglesia. Tal vez son dos personas peleando, o dos grupos en desacuerdo sobre el liderazgo del pastor, o la crítica de los demás lo que impide que la unidad se afirme. Debido a que el cristianismo es inherentemente relacional, cuando prevalecen relaciones insalubres, la unidad se pierde y la fe cristiana se reduce a un conjunto de creencias y comportamientos.

Unidad dentro de la diversidad

La vida plena significa que estamos siendo llenos del Maestro de tal manera que comenzamos a entender la naturaleza de la unidad. Las relaciones saludables son el resultado natural. Este tipo de unidad se personifica mejor a imagen de la Trinidad: Dios Padre, Dios Hijo y Dios el Espíritu Santo. Tres personas, pero una esencia. Unidad de ser, pero diversidad de personas.

Es por la diversidad que se puede forjar la unidad. No hay unidad aparte de la diversidad. La misma palabra "unidad" implica que debe haber suficiente diversidad en la que se pueda forjar la unidad. Así que en realidad es sólo cuando hay una cierta diversidad que podemos experimentar la unidad.

Pero esta unidad no ocurre simplemente por casualidad. Requiere un compromiso y un esfuerzo continuo. Y, sobre todo, requiere la mutualidad: sumisión mutua y vulnerabilidad. En el caso de la Trinidad, el Hijo se sometió al Padre cuando tomó la forma de un ser humano. El Padre se somete a la obra y a la intercesión del Hijo cuando perdona y restaura la imagen de Dios en las personas. El Espíritu se somete al Padre para venir y estar con nosotros. Empiezas a ver a tres personas diversas trabajando en la mutualidad entre sí. Sin embargo, son esencialmente uno, uno en esencia, aunque no en funciones.

La unidad que resulta en relaciones sanas se forma en torno a este principio de mutualidad. Ser mutuamente sometidos el uno al otro es la piedra angular. El apóstol Pablo nos insta a someternos unos a otros, no en completa abdicación de la responsabilidad, sino entregando volicionalmente nuestro reclamo sobre las preferencias en aras de la unidad. En honor, nos preferimos el uno al otro. En ese acto, estamos reconociendo la naturaleza esencial de otra persona que es creada a imagen de Dios y esencialmente una con nosotros. Sé que puede sonar confuso, pero es esta diversidad de función, papel, personalidad, capacidad, donación e incluso circunstancias lo que hace que las personas que caminan con Cristo sean tan asombrosas. De esa diversidad puede existir la unidad de esencia. Pero sólo puede existir cuando hay un despertar gradual y continuo de la naturaleza esencial dentro de nosotros.

Cuando la imagen del Maestro se está formando en niveles cada vez más profundos de identidad, la diversidad de la función se vuelve menos importante a la luz de la unidad del ser. En esa condición, entonces, cada vez más estás encontrando unidad con los demás. Las pequeñas diferencias que causan disfunción, relaciones rotas, celos y conflictos se desvanecen en favor de la unidad que se eleva entre ustedes.

Perseguir esta unidad es ciertamente contrario al énfasis prevaleciente en los patrones relacionales de la cultura moderna. Se nos dice que encontremos a alguien que tenga intereses comunes. La excusa típica para las violaciones de las relaciones es las "diferencias irreconciliables". Todo lo que te rodea te dice que la unidad se define por actividades que tú y otro tienen en común, como, aversiones, prioridades, vocaciones, pasatiempos, música. Así sucesivamente.

Si persigues una unidad profunda basada en factores superficiales, te eludirá. Nuestra cultura ha perdido su profundidad y ha olvidado cómo sondear la base más profunda de la unidad. La vida plena nos presiona más allá de lo que promueve la cultura.

El principal arquetipo de unidad humana es el matrimonio. ¿No es de extrañar que la Biblia utilice esa imagen para establecer el ejemplo de unidad entre las personas e incluso como imagen de la relación de Cristo con la Iglesia? Pero observen que el principio fundamental del matrimonio es la mutualidad, sométanse el uno al otro. Esto no debe ser mal interpretado ni se debe pensar que significa una cosa para los hombres y otra para las mujeres. Significa que ambos se someten el uno al otro. Completa mutualidad.

La esencia de las relaciones saludables entonces es la unidad. El principio fundamental en la unidad es la mutualidad. Y el acto necesario en la mutualidad es la sumisión. Estos tres pasos se ejemplifican en perfecta medida en Dios: el Padre, el Hijo, el Espíritu Santo. Y cuando vives lleno del Maestro, se apropian en ti con el resultado que sigue que son las relaciones saludables.

Por supuesto, debido a que las relaciones son dinámicas y no estáticas, siempre estás creciendo, cambiando, desarrollando, profundizando. Y por naturaleza eso trae desafíos, fracasos y tensiones. Nunca somos completamente perfectos en nuestra capacidad de reflejar relaciones saludables porque nunca somos capaces de reflejar el Maestro con absoluta perfección. Pero para cada momento y cada paso, podemos estar completa o perfectamente saturados con el Maestro en la medida en que seamos capaces hasta que un nuevo desafío o dimensión nos inste aún más lejos en el camino de la vida plena.

A eso es a lo que estamos llamados en amor perfecto. No a la perfección absoluta en el quehacer, sino a la saturación completa en la medida en que entendemos.

Unidad, Unanimidad y Uniformidad

La mayoría de las relaciones disfuncionales existen debido a alguna forma de egoísmo que se afirma sobre los demás. Los consejeros entre nosotros pueden ayudar a aclarar más profundamente la naturaleza de ese egoísmo. En su raíz, sin embargo, está la voluntad humana tratando de controlarse o imponerse creando una brecha entre tú y otra persona. Una vez más, donde hay una violación de la unidad por lo general hay una relación rota. Vivir plenamente significa curar el egoísmo.

No quiero sugerir que la unidad significa que todos deberíamos pensar igual o parecernos. La unidad es más profunda que el comportamiento. Afecta nuestro comportamiento, pero no está definido por él. Consideremos la diferencia entre unidad, unanimidad y uniformidad. Todas son palabras que tendemos a equiparar con la unidad. Sin embargo, cada una es diferente.

La uniformidad generalmente se refiere al comportamiento o la apariencia. Todos llevamos el mismo uniforme. Usamos las mismas palabras, nos parecemos, actuamos igual, nos comportamos igual. Es lo más cercano a lo "mismo". En el peor de los casos, la uniformidad se convierte en rigidez. Ciertamente hay un grado de uniformidad que comienza a colarse en cualquier relación cercana. ¡Dicen que después de muchos años de matrimonio un marido y una esposa comienzan a actuar por igual, completar las oraciones de los demás, o incluso parecerse! En la iglesia organizada no es raro que una expectativa implícita se proyecte sobre las personas para comportarse o vestirse o hablar de ciertas maneras aceptables. No hay nada de malo en que nuestros comportamientos rocen el uno con el otro como expresión de nuestra sumisión. Pero cuando eso se convierte en la definición de nuestra unidad, y comenzamos a requerirla a otros como medida de unidad, hemos perdido la intención del Maestro.

La unanimidad generalmente se refiere a valores o ideas. Todos estamos de acuerdo en lo que es importante. Valoramos las mismas ideas o prioridades. Puede que no nos parezcamos, pero estamos de acuerdo en los ideales. Por lo general, la unanimidad es el resultado de un "toma y dame" permite la reflexión y la influencia en acomodar las diferencias y encontrar un terreno común. Requiere un nivel más profundo de relación y confianza entre las personas.

La unidad generalmente se refiere a la unidad esencial que es innata dentro de nosotros y trasciende la variedad de diferentes manifestaciones de ideas y comportamientos. Incluso las personas que no están de acuerdo en conceptos importantes todavía pueden encontrar unidad. Y ciertamente las personas que no se parecen o se comportan de la misma manera pueden encontrar la unidad. Esta unidad reconoce la unidad básica que las personas comparten y trasciende las circunstancias, el lugar e incluso los valores.

Lo ideal es que donde haya uniformidad también haya unanimidad y unidad. Sin embargo, puede que no siempre sea el caso. Los abusos de poder, manipulación, relaciones disfuncionales impulsadas por la voluntad egoísta y la coerción pueden imponer uniformidad o unanimidad donde la unidad no existe.

Por el contrario, si bien podría ser tentador decir que lo ideal sería que la unidad se manifestara en última instancia en unanimidad y uniformidad saludables, eso tampoco siempre es así. La belleza del misterio de Dios en nosotros es la capacidad de encontrar la unidad donde la uniformidad y la unanimidad no existen. Es en esa diversidad que la unidad es posible y más satisfactoria. Trasciende las diferencias de valores y comportamiento. Da prioridad a la persona, no a la apariencia o idea.

Sumisión Mutua

Cuando el Maestro satura tu vida, comienzas a transformarte en reflejar la misma comprensión de la unidad que se evidencia en Su vida. La mutualidad de la sumisión se convierte en la base de la unidad entre las personas diversas con las que se forman relaciones. Puede que no te gusten las mismas cosas, o que hables de la misma manera, pero caminas en unidad.

Las diferencias de prioridad o comportamientos no tienen por qué socavar el fundamento de la relación y llevarla a la disfunción. La vida plena permite que nuestra vida se convierta en un reflejo de la unidad ejemplificada en Dios que teje la diversidad en la unidad a través de la vulnerabilidad de la sumisión mutua.

Esta no es una fórmula para convertirse en una alfombra frente a la puerta. Vivir en una disposición de unidad no significa adherirse a las demandas de nadie y perder el sentido de ti mismo. Más bien es una decisión intencional de adoptar una postura de sumisión reconociendo a la otra persona. La dignidad y el respeto resultantes que les ofrezcas trascenderán la diferencia que expreses sobre el comportamiento u opiniones.

Cuando Dios creó a las personas, lo hizo imprimiendo la propia imagen de Dios sobre nosotros. En un intento posterior de restaurar una relación de unidad con nosotros, Dios se acercó a nosotros en sumisión. En la plataforma de la mutualidad. Dios respeta nuestra voluntad, nuestra dignidad, nuestra capacidad de elegir voluntariamente. Y así, en la mutualidad, se humilla a sí mismo en la sumisión a nuestra voluntad- ofrecer unidad.

Vulnerabilidad versus Transparencia

El enganche para reflejar este tipo de mutualidad en una relación es el siguiente: la unidad requiere la mutualidad; y la mutualidad requiere vulnerabilidad. Cuando Dios en el espíritu de la mutualidad persiguió la unidad con las personas, lo hizo con gran vulnerabilidad. La vulnerabilidad ocurre cuando nos abrimos a otro y les mostramos tanto de nosotros mismos que incluso pueden hacernos daño con lo que ven. Dios hizo eso. Dios nos mostró Su corazón y su pasión, ofreciéndose incluso hasta el punto de permitirnos rechazarlo e incluso herirlo, lo cual, por supuesto, lo hicimos cuando lo crucificamos.

Desafortunadamente, hemos interpretado la vulnerabilidad como algo débil e inaceptable. Así que lo reemplazamos con transparencia, en la que podemos mostrar a la gente cosas sobre nosotros mismos como un medio para ganar su confianza e incluso manipular su respuesta. La transparencia ocurre cuando mostramos a los demás algo acerca de nosotros mismos, incluso damos la capacidad de hacernos daño con lo que les mostramos.

Los pastores han aprendido a hacer esto muy bien. Pueden volverse transparentes para provocar la capacidad de respuesta de las personas. Pueden mostrar algo de sí mismos como un medio para hacer un punto, para mostrar su humanidad, para obtener apoyo. Eso no es malo al guiar a la gente a la verdad. Pero cuando la transparencia reemplaza la vulnerabilidad en una relación donde la unidad requiere sumisión mutua, estamos en un camino seguro hacia relaciones poco saludables.

Las relaciones saludables siempre comienzan a mostrarse cuando las personas abrazan una vida plena. Puede que no suceda todo a la vez. Pero poco a poco la mala salud y la disfunción de las relaciones interpersonales en el hogar, en el trabajo y en la iglesia dará gradualmente paso a principios que reflejan al Maestro que llena y transforma su vida con un profundo entendimiento de la unidad que sale de la mutualidad.

Escritura para examinar: *Efesios 5:21*

Idea teológica para meditar: *El principio del reino de la mutualidad*

Peligro de evitar: *Relativismo definido por el compromiso en el grupo*

Preguntas para hacerte:

1. En tu comportamiento hacia los más cercanos a ti, ¿te sometes fácilmente a sus intereses, o te encuentras luchando para conseguir tu propio camino, incluso por medio de actuar bien?

2. Cuando examinas tu actitud interior hacia las mujeres, los hombres, los subordinados o los supervisores, ¿encuentras una actitud de verdadera sumisión hacia ellas como persona? ¿Cómo reconoces eso?

3. ¿Hay grupos de personas —mujeres, otras razas, hombres, ancianos— con los que luchas particularmente para mantener una disposición honesta de sumisión mutua? ¿Por qué? ¿Cómo puedes superar ese obstáculo?

4. ¿Quiénes son las personas que te rodean que fácilmente vienen a la mente que evidencian la mutualidad? ¿Cómo se manifiesta eso en una relación saludable?

Una oración en respuesta: *"Señor, llévame más allá de mi obsesión por el acuerdo superficial. Permíteme encontrar la unidad con los demás y que en la medida que yo pueda abrirme a ser conocido yo pueda también conocer a los otros. Al exponerte a ti mismo en la rendición vulnerable, que encuentre la alegría de unidad con los que amas. Llévame más allá de la insignificante* *tolerancia trivial y encuentra la salud primordial que creaste para*

que la abracemos. En el nombre de los Tres que son Uno."

CAPÍTULO SEIS

DECISIONES SABIAS

Salió de la nada. Una buena amiga con una voz profundamente perturbada y cargada llamando acerca de su marido. "Anthony se ha ido. No sabemos dónde está".

"¿Qué quieres decir con que "se fue"? ", le dije.

Con más angustia ahora, ella dijo: "Quiero decir, hemos buscado y llamado a todas partes, pero nadie sabe dónde está. Su coche no está y no ha llamado ni ha estado en casa durante horas. ¡Los niños han venido y tenemos miedo! Y aquí está lo peor. ¡Revisé y la caja de armas no está aquí! Su voz temblaba.

"Voy inmediatamente para allá." Fue mi respuesta.

Esa llamada puso en marcha un largo camino de dolor y trauma para muchas personas, pero sobre todo para una familia querida que luchaba por encontrar plenitud y vida. Tarde en la noche después de largas horas de oración, lágrimas y preguntas incontestables, se pudo escuchar el sonido familiar del auto de Anthony. Los niños corrieron hacia la entrada, mientras su esposa se aferraba a su lugar- temblando de alivio e ira, esperanza y dolor. Después de los abrazos iniciales de los niños,

Anthony admitió haber pasado todo el día en las montañas con un arma cargada, queriendo suicidarse.

Miré a Anthony a los ojos. "Tú has tomado una decisión. El camino por delante no será fácil, pero me alegro de que hayas elegido sabiamente", le dije.

Ese día Anthony tomó una decisión de por vida. Le pregunté: "¿Qué te hizo decidir no apretar el gatillo?" Dijo: "Seguí oyendo a Dios decirme que realmente me amaba".

Todos los días tomamos decisiones de vida o muerte. Claramente no son tan obvias o inmediatamente terminales como las de Anthony. Pero cada una tiene potencialmente tanto impacto. Las decisiones sabias son tomadas por personas que están llenas del Maestro. No es que las buenas decisiones se demuestren simplemente por un resultado exitoso o positivo. Verás, las decisiones que son sabias son sabias no sólo por un resultado conveniente. Las decisiones sabias son decisiones que en sí mismas permiten que la vitalidad de la vida florezca.

Capacidad de Elegir

Lo más importante es que al ver las decisiones sabias como una característica de la vida plena implica que poseemos la capacidad de elegir. Dios nos ha creado a Su imagen. Esa imagen lleva con ella la capacidad de libre albedrio. Podemos decidir. Dios honrará nuestras decisiones.

Pero como hemos sabido desde el principio, cada decisión tiene consecuencias, buenas o malas. Por lo tanto, esencialmente la senda de caminar en santidad depende de nosotros. No es que formemos un carácter santo en nosotros mismos; no es que nos apropiamos de la salvación; no es que ninguna fuente de gracia provenga de nosotros mismos, sino que, debido a que poseemos la capacidad de elegir, haremos posible que Dios nos haga santos como el santo.

Afortunadamente, Dios siempre está trabajando, derramando Su gracia sobre nosotros, ya sea que reconozcamos eso o no, seamos cristianos o no. Su gracia precede a nuestras acciones al intentar guiarnos. Llamamos a esa gracia preveniente, es decir, la gracia que va antes, que nos precede o nos influye hacia el camino de Dios. A través de la obra preventiva de Dios al empujarnos, persuadirnos, alentarnos, susurrarnos, claramente está instando y ayudando a nuestra capacidad de elegir con razón. Pero en última instancia, esa decisión es nuestra.

Por esta razón, no hay una relación verdaderamente vibrante y completa con Dios que simplemente esté preestablecida o predeterminada. Viajar con Dios en su totalidad no sucede sin nuestra activa participación en las decisiones. Eso es lo mucho que Dios respeta la imagen de Su propia naturaleza que ha sido impresa en nosotros desde la creación. Si Dios dominara nuestra capacidad de tomar decisiones para resolver el camino de nuestra vida requeriría que Dios socavara la naturaleza misma de Su propia imagen en nosotros.

Decisiones en Colaboración

Una vez que aceptamos la realidad de que podemos tomar decisiones y tener la libertad de voluntad, entonces la cuestión es cómo tomar buenas decisiones. ¿Por qué las personas que están llenas del Maestro toman constantemente decisiones sabias? Eso no quiere decir que siempre sean convenientes o correctas, pero las personas que abrazan una vida plena toman buenas decisiones. Una vez más, se trata realmente de una relación.

Mucha gente asume que si están entregados a Dios en algún súper- nivel, entonces todo lo que tienen que hacer es esperar a que Dios aparezca y arregle las circunstancias para su bien. A eso le llamo "pasividad ciega". En otras palabras, sientes que eres tan espiritual que ciertamente Dios ahora trabajará en tu nombre tanto que realmente no tienes que preocuparte. No haces nada, sólo esperas. Dios tomará la decisión por ti. ¡Dios lo resolverá!

Por desgracia, esto es más abdicación que sabiduría. Esta práctica de asumir el dejar pasar las cosas y esperar a que Dios actúe es simplemente determinismo o cualquier otra cosa. Por mucho que quieras pensar en ti mismo como completamente entregado y abierto a "lo que Dios quiera", es realmente otra forma de no aceptar la responsabilidad por una circunstancia difícil. Esta actitud te prepara para que puedas culpar a Dios por una mala situación o para que puedas redefinir las circunstancias dolorosas como simplemente algo que Dios quería hacer para hacerte una mejor persona. De cualquier manera, te saca de la ecuación y presume que Dios es un titiritero. La pasividad ciega como excusa para tomar decisiones sabias es errónea.

Las decisiones sabias se toman en una relación responsable y saludable con Dios. Verás, cuando estás lleno del Maestro, estás influenciado por la naturaleza, las prioridades y el corazón del Maestro al abordar las decisiones que deben tomarse. Ya sea la elección de una carrera, la elección de un compañero de por vida, el curso de estudio, asuntos importantes, o cualquier otra decisión que justifique una contemplación cuidadosa, el Maestro que te llena también te influirá. La elección es tuya, pero la influencia es evidente.

Imagínate a ti mismo mirando autos nuevos. Tu mejor amigo está contigo. Al admirar algunos modelos, empiezas a pensar en cuál sería el adecuado para ti. Tu amigo no tomará la decisión por ti. La decisión es tuya. Pero tenerla allí permite que tu decisión se beneficie de su perspicacia, pensamiento y sabiduría. Sería una tontería no consultar bien a tu mejor amigo que te conoce bien a ti y a tus circunstancias.

Tal vez estés cerca de estar en bancarrota. Tu amigo te aconseja: "No tienes nada que ver con autos nuevos. No hagas esto." Una vez más, es tu responsabilidad tomar la decisión; tu amigo seguirá siendo tu amigo sin importar lo que elijas. Él te dará consejos y te influirá, pero nunca usurpará tu voluntad.

Tú y tu cónyuge tienen tres hijos y un perro. Pero te encanta el auto deportivo de dos asientos. Sabiamente te vuelves a tu mejor amigo y le preguntas: "¿Qué piensas?" Él dice, "No es prudente. Recuerda a tu familia."

En el calor de tu propia pasión, tu amigo te ayuda a mantenerte estable y con buena perspectiva. Se convierte en una colaboración dinámica de permitir que la sabiduría de tu amigo influya y sature tu decisión. Por supuesto, tu función es escuchar y escuchar el sabio consejo de tu amigo que te ama. Confías en él, así que te sometes a su influencia.

Ahora imagina que tu amigo es el Dios sabio. Estás caminando en una relación dinámica y amorosa con Éste cuyo deseo más profundo es tu bienestar total. Sabes que Dios te ama y confías en que Su interés es por tu bien. Así que estás abierto a la influencia de Dios. Al acercarte a una decisión, grande o pequeña, la influencia de la naturaleza y las prioridades de Dios afectan tus decisiones. Así que la sabiduría de Dios se activa en tu decisión. Esto representa una responsabilidad madura en el reconocimiento activo de tu relación con Dios. Y entonces el resultado es, decisiones sabias consistentes.

Consejos Útiles

Dos recomendaciones o consejos particulares se vuelven útiles para ver las decisiones diarias con ojos santos.

1. Escoge la vida

¿Qué es una elección de vida o muerte? No todas las opciones de vida o muerte son tan obvias como las de Anthony. Pero todos los días tomamos decisiones de vida o muerte; cada decisión que tomamos puede perpetuar una mentalidad de lo uno o lo otro.

Elegir la vida significa que tomamos decisiones que permiten que la gracia y la sanidad de Dios trabajen libremente. En los momentos más dramáticos, Anthony tomó una decisión por la vida. Eligió permitir que el amor y la gracia de Dios continuaran trabajando en él para sanar el dolor anterior, y guiarlo en la restauración total.

Cuando eliges la vida, también permaneces abierto para que la gracia de Dios altere tu corazón, el corazón de otro, o para invadir las circunstancias de tal manera que pueda ocurrir restauración total. Tal vez sea una confrontación y tú estás luchando acerca de cómo abordarla. La gracia dejará una grieta en la puerta a través de la cual la curación puede encontrar un camino a la integridad.

Cuando eliges la vida también reconoces la dignidad de otra persona. Implícito en esta elección está el reconocimiento de que la imagen de Dios está dentro de cada persona. Aunque tus opiniones pueden ser extremas o incluso destructivas, todavía se puede ver el imprimatur (sello) de Dios sobre ellos. Tal vez esa imagen esté nublada, deformada o dramáticamente cubierta por los efectos del egoísmo. Pero miras debajo de eso para ver el remanente de la imagen de Dios en ellos, y tu elección lo reconoce como la fuente de la dignidad. Así que, en lugar de tratar a la otra persona con desprecio, o hablarles con una actitud cortante o sarcástica, eliges reconocer la imagen de Dios en ellos.

Cuando eliges la vida, algo dentro de ti florece. Tu alma se alimenta. Tu corazón se fortalece. No importa si tus acercamientos para la integridad y la restauración son aceptados o no, dentro de ti se libera la naturaleza del Maestro transformándote así un poco más.

Elegir la muerte significa que tomas decisiones que cierran la posibilidad de la gracia de Dios de traer sanación. Si Anthony hubiera elegido apretar el gatillo, él, por su propia elección egocéntrica, habría cerrado cualquier esperanza de la gracia y el amor de Dios para traer la curación.

Elegir la muerte significa que usurpamos el control total de las circunstancias y presumimos de conocer todas las posibilidades, y determinamos que no hay esperanza. Significa que no crees que haya ninguna posibilidad de que el corazón de otra persona sea movido, cambiado o influenciado.

Cuando eliges la muerte, cierras la puerta a cualquier posibilidad de restauración o bondad. Rompes la conexión relacional que la gente naturalmente tiene unas con otras debido a la imagen de Dios en todos nosotros.

Cuando eliges la muerte, socavas la dignidad del otro. Los derribas. Los excluyes y los relegas a ser desesperanzados sin posibilidad de ser regenerados. Al hacerlo, estás negando la imagen de Dios dentro de ellos.

A menudo no es a través de la negación que elegimos la muerte. La elección frecuente de la muerte toma la forma de sarcasmo, cinismo o actitudes y palabras mordaces. El cinismo y el sarcasmo no tienen lugar en la vida de una persona comprometida con una vida plena.

Cuando eliges la muerte, cuando te comunicas a través del sarcasmo o proyectas una actitud cínica, no solo causas daño a otra persona, sino que algo dentro de ti muere. La vida se ha agotado. Esta se desvanece gradualmente a medida que la naturaleza de un Maestro que da vida es repetidamente rechazada en favor del aislamiento, la independencia y la voluntad propia.

2. Mayordomía

Debido a que hemos elegido vivir bajo la influencia dinámica del Maestro, por definición nos convertimos en mayordomos. Los mayordomos/administradores son personas que se mantienen en fideicomiso e invierten bien en nombre de otro. En este caso llevamos el ADN, la naturaleza, las prioridades del Maestro. En un esfuerzo por ser buenos mayordomos en esta relación dinámica de caminar esta travesía, siempre nos hacemos la pregunta de la mayordomía: "¿Cómo puedo tener el máximo impacto para el Maestro?"

Acercarse a las decisiones a través de estos lentes ayudará a proporcionar una perspectiva que no se centre en nuestro propio egoísmo. Esa es la naturaleza de un buen mayordomo y en este caso generalmente conduce a decisiones sabias.

Un mayordomo toma decisiones de una manera que ve a Dios primero en todas las cosas. La idea de "primero" tiene dos dimensiones.

Primero significa preveniente. Prevención se refiere a algo que va antes. Es secuencial en la naturaleza. Por ejemplo, 1 precede a 2 y 2 precede a 3; 1 es preveniente a 2 y 2 es preveniente a 3. Se refiere al orden secuencial o a la fuente.

Una persona que vive llena del Maestro tiene una mente de mayordomía en la que reconoce que el Maestro es la fuente de todo: creó todo, ordenó todo, inició todo. Eso incluye la vida, la creación e incluso la capacidad de pensar y participar diariamente en la plenitud de la vida. Debido a la prevención, entonces tratamos todo como una responsabilidad. No lo creamos así que nos encargamos con cuidado sabiendo que lo hacemos en nombre de quien es la fuente. Todas las cosas que poseemos —nuestra personalidad, dones, talentos, medio ambiente, relaciones, provisiones— las cuidamos en nombre de la fuente de todo. Somos mayordomos y eso nos hace tomar decisiones y usarlo todo con una mente de mayordomía. Todo será invertido, usado y consumido con eficacia.

Primero también significa preeminente. La preeminencia se refiere a algo que es más importante, más alto, más grande. Es de naturaleza cualitativa y jerárquica.

Una persona que vive llena del Maestro tiene una mente de mayordomía en la que reconoce que el Maestro está por encima de todo, o como decimos a menudo en los círculos cristianos, Señor de todos. Cualquiera que sea la relación, el talento, el don o la circunstancia que podamos encontrar, una persona que vive llena del Maestro se acerca a ella con una mente de mayordomía porque sabe que el Maestro está, sobre todo; más importante que cualquier otra cosa; una prioridad más alta que toda ella.

Saber esto pone todo en perspectiva. Ayuda a garantizar que nada se convierta en un consumo total. Nuestro equilibrio se mantiene cuando todas esas cosas caen en su lugar apropiado a la luz de la "sobre-totalidad" del Maestro. Vivimos, nos relacionamos y tomamos decisiones de una manera que siempre está subordinada al Maestro.

En resumen, los mayordomos toman decisiones sabias cuando ven a Dios como fuente de todo lo que tenemos y Señor de todo lo que hacemos.

Las decisiones sabias no son simplemente decisiones que producen el mayor resultado. Más bien, son decisiones tomadas por personas plenas que constantemente eligen la vida con una mentalidad de mayordomía. Estas son personas en las que hay evidencia de una asociación madura entre ellos y Dios en la toma de decisiones que están saturadas de la sabiduría que trae vida.

Escritura para examinar: *Josué 24:14-16*

Idea teológica para meditar: *Libre albedrio*

Peligro para evitar: *Racionalización*

Preguntas para hacerse:

1. ¿Aceptas la responsabilidad de tus decisiones, o te encuentras siempre buscando a alguien o algo a quien culpar cuando las cosas van mal?

2. ¿Luchas con sarcasmo, comentarios hirientes hacia los demás o actitudes despectivas que te impiden ver a Dios trabajando en la otra persona? ¿Qué clase de personas o circunstancias fomentan esto en ti? ¿Puedes oír la voz de Jesús en tonos sarcásticos? ¿Cómo puedes comprobarte a ti mismo cuando ese patrón habitual te llega?

3. Cuando te enfrentas a una decisión importante, ¿buscas la sabiduría y la dirección de Dios dentro de ti primero, o cuando todo lo demás falla? ¿Qué patrones pueden ayudarte mejor a permitir que Dios sea un compañero cercano ti sin importar cuán pequeña sea la elección a la que te enfrentas?

Una oración en respuesta: *"Muéstrame las consecuencias de mis propias decisiones, oh, Dios, y dame el suave impulso mientras caminas conmigo en el viaje de cada día en colaboración contigo. Concédeme una profunda conciencia de Tu sabiduría como la base para mis acciones, ya sean pequeñas o de gran importancia. Que mi vida y mi caminar sean evidencia de* *sabiduría que otros puedan trazar hasta Ti, cuyo consejo busco momento a momento."*

CAPÍTULO SIETE

VIDA INTEGRADA

Mi esposa llegó a casa desorientada. "¡No puedo creer lo que escuché hoy en el trabajo!"

Me contó acerca de una conversación de la que había sido parte con otra maestra de la escuela primaria donde trabaja llamada Cassandra. Desde que se unió al personal, Cassandra había hecho saber que su cristianismo era una parte importante de su vida y que ella y su familia estaban vitalmente involucradas en la iglesia.

En este día en particular, Cassandra había hecho caso omiso intencionalmente de las regulaciones estatales para las pruebas anuales de los estudiantes en su clase. Ella les había dado pistas en un esfuerzo por mejorar sus puntuaciones, ya que eso se reflejaría mejor en su enseñanza. Una compañera maestra, que no era cristiana, pero a menudo escuchaba la pretensión de Cassandra de fe, presenció el comportamiento y la confrontó. Cassandra negó la reclamación rotundamente.

No sólo eso. Esa misma maestra había oído a Cassandra llamar a sus alumnos nombres inapropiados y degradarlos frente a la clase. La mujer tenía miedo de las repercusiones y buscó la afirmación de mi esposa.

"No puedo creer que Cassandra no sólo violara descaradamente el proceso de prueba, sino que en realidad trata a los estudiantes de esa manera. Es un reflejo tan pobre de cómo un cristiano debe tratar a los demás", se lamentó mi esposa.

Probablemente la razón más citada para que las personas no quieran ir a la iglesia es porque los miembros de la iglesia son hipócritas. Hacen grandes afirmaciones, pero con frecuencia no están a la altura de su propia predicación. Por supuesto, si resulta que eres uno de esos miembros, te resentirás. Por un lado, sabes que nadie es perfecto y es injusto estar a un nivel que nadie puede lograr de manera realista. Por otro lado, sabes que es verdad. Tú, junto con todos los demás en esa iglesia, no eres el estándar de perfección que silencie todas las críticas. Sin embargo, lograr la perfección no es la razón para ir a la iglesia de todos modos. Después de todo, ¿qué mejor lugar para que los hipócritas estén que en la iglesia donde puedan crecer y aprender? Cualquiera que se esfuerce por crecer y llegar a ser más plenamente humano, y mucho menos piadoso, sin duda ganará el título de hipócrita en algún momento de su viaje. Felicidades a los que la persiguen en lugar de simplemente revolcarse en el sarcasmo de la desesperación.

En la raíz de la crítica, sin embargo, está el reconocimiento de que los efectos del cristianismo no han encontrado completamente su camino en la vida diaria de la gente. La hipocresía apunta a la condición de alguien que no está completo. Se comportan de manera diferente de lo que hablan. O, más a menudo, cuando están en una situación, su comportamiento es diferente que cuando están en otra. En otras palabras, están compartimentando su vida.

La mayoría de la gente ve cualquier incompatibilidad entre varias partes de la vida como la forma más verdadera de hipocresía. Y con razón. Básicamente, sin embargo, simplemente indica que su prioridad y compromiso de estar lleno con el Maestro aún no ha permeado alguna parte de su vida. La santidad es el camino de Cristo invadiendo todas las partes de nuestra vida.

Probablemente has experimentado otro tipo de compartimentación. Ves a alguien en la iglesia adorando atentamente. Cantando con todo el gusto de un santo. Hablando el lenguaje espiritual. En el altar orando atentamente. Incluso emocionado por la obra del Espíritu Santo en la vida de otra persona. Luego salen de la iglesia y comienzan la semana de trabajo, y es como si fuera otra persona. Despiadado, competitivo, e incluso mezquino. Dicen que es porque "los negocios son negocios". Pero de alguna manera la vitalidad de su vida en el círculo de los cristianos parece un poco hueca a la luz de cómo vive día a día. Incluso se podría decir que parece un hipócrita.

¿Significa esto que su fe no está viva? ¿Significa que no conocen al Maestro? ¿Los convierte en los hipócritas a los que se refiere el mundo? No. Lo que sí significa es que esta persona está en el camino de entender cómo apropiar su relación con el Maestro en las muchas dimensiones de su vida. En algún lugar Cristo no se ha integrado en la totalidad de su ser. Van a la iglesia y adoran a Dios, pero viven como el diablo. La verdadera hipocresía comienza donde la intención de crecer cesa.

Claramente hay una categoría de personas para las que el término hipócrita en la forma más severa es apropiado. Cristo mismo llamó a esas personas y las etiquetó como tumbas encaladas. Estas son personas que han perfeccionado el arte de engañar artesanalmente a otros para que piensen que son algo que realmente no son. Desafortunadamente, en la época de Cristo esto fue declarado a los líderes religiosos que deberían haber sabido mucho mejor.

Sin compartimientos

La idea de una vida integrada emana de la plenitud de Dios. Dios es entero, no segmentado. Y Dios es completo, no deficiente. A partir de esta integralidad, las palabras que el

Maestro pronuncia comienzan a tener más sentido: "... con todo tu corazón, alma, mente y fuerza." Esto no se refiere a una fórmula que necesita ser equilibrada con precisión. Más bien, es una descripción de una vida completamente integrada que está saturada por una relación madura con el Maestro.

El Maestro ha influido en el corazón, las emociones y el espíritu de una persona, de modo que lo que es visible es obviamente afectado y diferente. El pensamiento y la razón muestran evidencia similar de una sana asociación con Dios para impregnar las disciplinas de la mente. El cuerpo, como creación y anfitrión de la presencia del Maestro, también es tratado con el respeto y el honor apropiados. Y quizás lo más importante es que el alma —el asiento de la voluntad— está formada por la mutualidad y la sumisión al Maestro. Las decisiones, entonces, están moldeadas por la integración completa del Espíritu en la vida completa de una persona. La deficiencia que produce de aislamiento se está curando.

Pero la vida integrada no se trata sólo de que Cristo esté entretejido en su vida para curar las deficiencias. También se trata de encajar una parte de tu vida con otra. Así como Dios está entero y no segmentado, también nosotros, a Su imagen, estamos siendo hechos para ser completos, no segmentados. Nuestra razón y voluntad comenzaran a trabajar en conjunto con nuestro cuerpo y espíritu. Las diversas partes de nuestro ser comienzan a afectarse unos a otros y la totalidad en la que fuimos creados por primera vez se vuelve cada vez más real. El pensamiento y el comportamiento son coherentes; las decisiones están en línea con las emociones; las emociones no son irracionales, sino que reflejan convicciones profundas y reflexivas. Para los que te observan de afuera, tu vida es equilibrada, coherente, ordenada, integrada.

Todo esto se basa en la realidad de que la vida plena no es simplemente replicar comportamientos que se asemejan a la santidad. No se trata simplemente de dar aprobación mental a las proposiciones o regulaciones. Y ciertamente no es un gran acto de equilibrio donde intentamos mantener los segmentos de nuestras vidas debidamente alimentados y medibles con la manera de estándares predeterminados. Las personas que viven así dividen sus vidas en compartimentos y terminan tratando de vivir por unas reglas de una fe que es una lista de cosas que hacer y no hacer. El frenético esfuerzo por mantener todos los silos de la vida atendidos se vuelve agotador. Sobre todo, es un camino seguro hacia la frustración.

Más que Listas de Tareas Pendientes

¿Te imaginas una serie de listas en tu refrigerador- todas delineando los pasos hacia el éxito para cumplir con una vida santa? Tu trabajo es estar seguro de que cada día cumplas con cada elemento de la lista. Hacerlo asegurará una vida significativa y santa. Bueno, eso puede ser como es al menos en la opinión deformada de alguien que desea vivir en cumplimiento.

Cualquiera puede vivir a la altura de una lista de tareas pendientes. Podrías poner una lista de tareas en tu puerta para tu cónyuge y decir: "¡Si haces todas estas cosas, entonces realmente serás mi cónyuge!" Alguna persona al azar podría venir y cumplir cada letra de la lista. Y podría hacerlo con un alto nivel de competencia. ¿Pero eso lo convierte en tu cónyuge? Creo que no.

Una relación no se define por el cumplimiento. Tal vez la alta tasa de divorcios incluso entre las personas religiosas es el resultado de reducir la idea de dos personas integradas entre sí en matrimonio con un contrato de cosas para hacer y no hacer. Un matrimonio no se hace por el cumplimiento de comportamientos más de lo que una persona santa se hace por vivir cumpliendo con el legalismo.

La vida plena es inherentemente relacional en naturaleza; es entre tú y el Maestro, así como entre las diversas partes de tu ser. Después de todo, la verdad que buscas para la realización y la integridad en tu vida no es simplemente una proposición, sino más bien una persona. Al abrazar la realidad de esa relación; como vives en la mutualidad con esa persona; en la medida que decidas permitir que tu vida sea saturada por el Maestro, entonces las diversas partes de tu vida comenzarán a difuminarse juntas y a adherirse en la integridad deliberada que te hace sentir completo.

La lista en el refrigerador puede ser alcanzada, o no. En cualquier caso, probablemente se verá diferente de lo que esperas y la totalidad de tu vida vendrá de la integralidad que tu Maestro trae a tu vida, así como de que tu propio yo se vuelva completo como fuiste creado para ser.

John Wesley tuvo esto bien claro. Una parte significativa del genio de su movimiento fue reconocer la naturaleza holística de nuestra fe. Es el factor que más contribuyó a la transformación profunda de vidas y perpetuó un movimiento continuo que distinguió su ministerio del de contemporáneos como George Whitefield. A menos que una persona caminara por el camino de una vida integrada con el Maestro en una experiencia conmovedora, la fe se volvería fría y coja. Además, a menos que esa fe permeara cada dimensión de la vida de una persona —mente, emoción y comportamiento— rápidamente se volvería irrelevante e impotente.

En una visita a Londres hace unos años, nuestra familia visitó la capilla de Wesley y se reunió con el reverendo Dr. Leslie Griffiths, Ministro Superintendente. Fue lo suficientemente amable para abrir el museo las instalaciones para que exploraramos y nos guió a través de este. Me cautivaron los objetos históricos que dieron un significado más profundo al impacto global de este ministro. El arrodilladero, el púlpito, la silla de montar.

En un momento dado, el reverendo Griffiths se detuvo para mostrarnos lo que pensé que era un objeto bastante mundano. Era un simple banco usado en la capilla wesleyana conocida como Foundery.3 No me abrumó el interés hasta que me mostró cómo funcionaba. Wesley había construido bancos especiales para sus reuniones. Cada uno tenía una bisagra en la base de la abrazadera trasera que permitía que la parte posterior del banco se diera vueltas de adelante hacia atrás. Una especie de idea de "banco reversible". Al principio parecía ser simplemente una novedad hasta que el decano explicó por qué se construyeron.

Cuando la gente se reunía para un servicio de la iglesia, Wesley predicaba la palabra desde el frente a todas las personas que estaban sentadas en filas, como es nuestra costumbre hoy en día. La mayoría de los edificios de la iglesia hoy en día se construyen alrededor de este modelo. De esta manera, Wesley abría las Escrituras y exponía la verdad de Dios a los oyentes. Él hablaba a la dimensión cognitiva de sus vidas. Informándoles, diciéndoles, desafiándolos, invitándolos a pensar diferente. Hablaba a sus mentes.

El guía continuó diciéndonos que, en un momento dado, Wesley luego le pediría a la gente que se reposicionara. Cada otra fila se ponía de pies, pivotaba la parte posterior de su banco y se sentaba hacia la otra dirección. Ahora imagina una habitación donde cada otro banco está mirando hacia atrás. La gente ahora está rodilla con rodilla, ojo a ojo, compartiendo unos con otros la verdad cognitiva más profundamente y como esta impacta los afectos, el corazón y las emociones en la vida diaria.

Es en un contacto social que la realidad de la verdad comienza a formar nuestras vidas y a echar raíces. Es por este simple hecho que Wesley estaba profundamente convencido de que no hay santidad personal sin santidad social. No sólo una santidad social que involucra los problemas sociales de la época, sino más bien una santidad social que se enmarca en las relaciones reales y la interdependencia de formar parte de la vida de los demás.

Ahora, cara a cara, la gente se está tocando. Imagina una verdad cognitiva encontrando su camino en la dimensión afectiva de tu vida. Tus emociones están comprometidas mientras compartes con otra persona tu verdadera lucha para vivir lo que acabas de escuchar con tu mente. En esta construcción social y relacional la imagen del Maestro se está forjando en ti.

Luego, cuando la gente se iba, Wesley los llamaba para vivir estas nuevas verdades en el comportamiento. Entrar en el mercado con nuevas ideas y emociones finalmente aseguraría comportamientos transformados. Totalmente comprometidos con el mundo en el trabajo diario, una vida transformada refleja al Maestro en acción.

Esto hizo una diferencia duradera que todavía está influyendo en el mundo de hoy. Tocar lo cognitivo, lo afectivo y el comportamiento hizo que un movimiento global no tuviera precedentes porque las personas se transformaron. Cuando tu vida está llena del Maestro —tu mente, tu corazón y tu acción— te estás convirtiendo en una persona completamente integrada.

Permeados por el Maestro

A veces utilizamos términos más técnicos para describir estas dimensiones. La ortodoxia, o creencia correcta, toca el pensamiento de una vida. La ortopatia, o emoción correcta, toca la parte afectiva de una vida. Y la ortopraxia, o la acción correcta, toca la dimensión conductual de una vida. Los tres, tejidos en una persona dan como resultado una vida integrada que evidencia el carácter y la naturaleza del Maestro.

Usted puede ser una persona a la que le gusta el yogur. Tal vez incluso lo has probado simple, sin sabor, blanco puro y sin fruta abultada. Alguien te ofrece un poco de yogur natural y viene en un tazón. Pero te gustaría un yogur de arándanos. Así que su amable servidor le trae una pequeña taza de arándanos. Tiras los arándanos en el yogur. Incluso los agitas un poco para que los arándanos estén en todas partes del tazón de yogur. ¿Tienes yogur de arándanos? No. Lo que tienes es yogur con arándanos. Míralo. Es blanco con algunos puntos azules donde se esconde una baya. Tome una cucharada y probará el yogur natural y de vez en cuando encontrarás un pedazo de algo redondo que estalla con sabor cuando lo muerdes.

Pero luego tomas tu cuchara y trituras los arándanos, presionándolos en el yogur. Las bayas estallan y el jugo púrpura profundo impregna la blancura del yogur. Te revuelves y el jugo y las bayas saturan todo el tazón. Incluso el color cambia. Se vuelve azul a medida que el jugo de baya y el yogur están integrados. Está completamente transformado. Ahora, cuando lo pruebas, cada bocado tiene el sabor del arándano. Algunas partes son más fuertes que otras, pero cada parte del tazón ha sido influenciada por el color y el sabor de las bayas.

Verás, no es hasta que la vida del Maestro es presionada en la tuya, aplastada en el sacrificio propio, que te conviertes en una persona integrada, totalmente influenciada por la vida del Maestro y completamente integrada para que el sabor permee cada parte de tu ser. Usted es más que simplemente una persona con unas pocas características del Maestro espolvoreado por todas partes. Ya no eres una persona compartimentada que tiene fuertes pedazos de sabor en porciones segmentadas de tu vida. Ahora te estás transformando, un color y sabor diferente. Dando pruebas del Maestro que te llena. Llenarte no con la exclusión de tu propia personalidad y características, sino llenándote de todo un sabor que supera las deficiencias. Cambiando tu color con una integridad que te hace completamente pleno.

Escritura para examinar: *Marcos 12:30*

Idea teológica para meditar: *La integridad de Dios*

Peligro para evitar: *La autorrealización como prioridad*

Preguntas para hacerse:

1. ¿Sientes la presencia de Cristo contigo tanto en el trabajo como en la Iglesia? ¿Tu vocabulario, conciencia personal y comportamiento se vuelven diferentes dependiendo de con quién estés? ¿Cómo puedes permitir que el Espíritu Santo tenga un mayor acceso a los lugares, tiempos y circunstancias de tu vida que normalmente puedes mantener separados?

2. Cuando aprendes algo nuevo en tu relación con Dios, ¿cómo encuentras que afecta tu vida de otras maneras? ¿Te cuesta vivir lo que sabes que es el deseo de Dios por

tu vida? ¿Cómo pueden derribarse las barreras entre tus pensamientos, actitudes y comportamientos?

Una oración en respuesta: *"Espíritu de Dios, restaura la integridad en la que fui formado por primera vez. Rompe las paredes que segmentan mi vida. Crea integridad donde he causado la separación. Al abrazarte, teje mi vida en el mosaico que una vez imaginaste cuando me formaste en Tu corazón. Encuentra cada lugar secreto y agrietado para impregnar el cumplimiento sanador de Tu unidad. Que ninguna partícula de mi vida esté fuera de los límites de Tu invasión. ¡Y que yo esté completo!"*

CAPÍTULO OCHO
CORAZONES INTENCIONADOS

Tuvimos que hacer un viaje a Scottsdale para un retiro de la junta. Volar era una opción. Pero mi esposa y yo nos dimos cuenta de que pasaríamos por la molestia de llegar a y desde los aeropuertos, alquilar un coche, y todas las cosas asociadas con los viajes aéreos, un viaje de seis horas desde casa podría ser un buen descanso.

Luego llegué a pensar que realmente podría alquilar un coche por menos de lo que costaba conducir el coche familiar. Así que hice la reservación. "Dame un coche intermedio y modesto." Pregunté por un Ford Taurus. No demasiado pequeño y no demasiado llamativo.

Llegué a la ubicación de alquiler y me informaron que no tenían el coche que solicité. "Lo sentimos, pero nos tomamos la libertad de mejorar la oferta." Bien, no hay problema, todo bien. Debería haber sido sospechoso, sin embargo, cuando me dijeron que mi automóvil estaba en el espacio de estacionamiento número 1. ¡Normalmente mis coches están en espacios 200 o superior! Caminé hasta el espacio de estacionamiento número 1, y vi allí un Nissan 350Z, nuevo y de color plata brillante. Mi mente giró. Estaba emocionado. Entonces pensé, debería volver y decirles que no necesitaban darme un auto tan bueno. Yo no pagué por esto. Al menos debería pagar la diferencia. Todo noble y puro. Ese pensamiento duró un nanosegundo. Ni siquiera suficiente tiempo para romper el paso en mi camino al coche deportivo de alta potencia.

Conduje a casa a recoger a mi esposa. No estaba tan impresionada, pero aceptó pacientemente mi entusiasmo. Nos dirigimos a Arizona. ¡Qué coche! Le decía: "¡Me encanta este coche!" El manejo fue excelente. El poder era increíble. "¡Me encanta este coche!" El sistema de sonido era increíble. Las millas por gasolina eran muy buenas ¡Y podía ir muy, muy rápido! Qué coche excepcional para manejar en la larga carretera recta a través del Mojave. Durante los pocos días que estuvimos allí a menudo repetía lo mucho que amaba ese coche. Se desempeñó exquisitamente. Estaba tan impresionado.

Cuando volvimos a California, tomamos el Nissan 350Z de vuelta a la ubicación de alquiler (le agradecí a la compañía de alquiler). Me subí a mi auto, lo encendí y salí. Ahora, diariamente yo conducía un Cougar de cuarenta años. La caja de bolas del vehículo chirriaba; la parte superior filtraba; las millas por gasolina eran horribles; el desempeño era muy pobre y no me atrevía a ir demasiado rápido. Sin embargo, me agarré suspirando en profunda satisfacción, "Me encanta mi coche."

A riesgo de trivializar un principio de vida relacional y profunda, me sorprendió la lección. Verás, me encantó el 350Z, pero me encantó por su rendimiento. ¿Qué pasaría cuando se rompiera? ¿Qué pasaría cuando no pudiera funcionar como nuevo? ¿Qué pasaría cuando otro modelo saliera e hiciera que este fuera obsoleto? ¿Qué pasaría cuando mis estándares se acostumbrarán al vehículo? ¿Qué pasaría cuando la novedad desapareciera?

Había derramado mi sudor, tiempo y a veces sangre en mi viejo Cougar. Lo conocía bien por dentro y por fuera y había tocado la mayoría de las partes en él. Era un clásico. Había pasado tiempo con él. No era sólo "el coche", era "MI coche". Mi amor por el coche trascendía su rendimiento. Había una parte de mí en él. Acepté sus insuficiencias y me encantó por razones más profundas.

El amor es un Motivo, no una Respuesta

Dios te ama. No por tu actuación, sino porque Su imagen está en ti. Cuando limitas el amor de Dios por ti a lo bien que te desempeñas, abaratas Su amor y te mantienes como rehén de tu propia habilidad para hacerlo bien. Es bastante arrogante en realidad. En efecto, limitas el amor de Dios por ti sólo al nivel de lo que puedes hacer. De esta manera, en realidad redefines a Dios y lo obligas a vivir bajo tus limitaciones.

Sin embargo, el amor de Dios no está ligado al rendimiento. No está determinado por cuánto contribuyes en tiempo, dinero o experiencia en algo, especialmente con Su empresa en la tierra. El amor de Dios no es una respuesta. Es un motivo.

Dios nos creó por amor. Su amor era intencional y lo obligó a actuar. Fue la profundidad de ese amor lo que motivó nuestra existencia para empezar. Y ese mismo amor fue el motivo que Dios tuvo para darnos libertad para elegir.

Al elegir egoístamente y crear distancia entre los seres humanos y Dios, le causamos un profundo dolor, dolor y luto. Nuestra acción fue un rechazo del amor creativo y muy intencionado de Dios. La pasión de Cristo es un vistazo a la profundidad del amor intencional de Dios y al efecto de nuestro rechazo. Sin embargo, nuestro rechazo no detuvo el flujo de amor de Dios. Debido a que es un motivo que da propósito a Su acción, Dios continúa amando sin importar nuestra respuesta. No está ligado a nuestra actuación, afortunadamente, porque en realidad no lo hemos hecho bien.

Por amor, Dios estaba motivado para crear un camino para que volviésemos a la proximidad con Él. Ese es el camino de la restauración en el que nos reconciliamos de nuevo en una relación correcta con Aquel cuyo amor nos creó por primera vez y nos imprimió con Su imagen. Por amor, Dios restaura la

114

totalidad y cura la enfermedad del pecado y el egoísmo. Ese es Su propósito en todos Sus actos hacia la creación. Por amor, Dios completa las deficiencias en nuestra humanidad causadas por el pecado de distanciamiento de Él.

El amor es un motivo, no una respuesta. No es reaccionar a la gran actuación de una persona con la frase contingente, te amo. "Haces mucho por mí, te amo." "Haces mi trabajo tan fácil, te amo." "Siempre tienes algo agradable que decirme, te amo."

Causado por Dios, el amor es el motivo iniciador del comportamiento y de la acción que ve la esperanza y la posibilidad de totalidad, restauración, integralidad y proximidad con el Maestro. Vivir una vida plena se evidencia en comportamientos y acciones que tienen un propósito, y ese propósito es muy simple: amor. No el amor contingente. No en respuesta al rendimiento. Ni siquiera determinado por la gravedad de una necesidad. Simplemente ama ese motivo y da un propósito a tu compromiso, con los demás, tu trabajo, tu familia e incluso contigo mismo.

Este corazón de amor intencional no es algo que pueda actuarse. No es una habilidad que se adquiere. Más bien es una condición del corazón que está saturada con el Maestro cuyo amor impregna una vida plena. Es el núcleo de tu ser. Es la cultura de tu corazón. Es la economía de tu vida.

El Amor es el Propósito

Una vez escuché a un profesor describirlo de esta manera. El amor es la casa en la que vivimos y la fe es el balcón que da acceso a la casa. Por fe permitimos que la naturaleza y el ADN del Maestro nos absorban y nos acojan de nuevo en la casa que es nuestro hogar. Esta era la condición en la que fuimos creados. Y es la condición para la que fuimos destinados.

La fe en que el Maestro puede realmente reformar la condición y la cultura de tu corazón no es casual. Requiere una entrega intencional de motivos egoístas en el nivel más profundo. A menudo eso se caracteriza por un camino descendente de entrega y de quebrantamiento en el que el yo cederá a Dios. Pero al entrar en la casa del amor, tu corazón está siendo reformado diariamente y más profundamente adaptándose al primer propósito para el cual Dios te creó amorosamente. Estás aprendiendo y adoptando los valores del hogar en el que vives. El efecto de este reacondicionamiento es que el amor ahora obliga a tus acciones. Se está convirtiendo en el propósito para el cual vives. No para lograr, sino para amar. No para adquirir, sino para amar. No para dirigir, sino para amar. Ciertamente, la aplicación pragmática de un corazón con propósito resultará en muchas cosas que se logran e incluso se asemejan a logros, o éxitos. Pero cuando los demás lo examinan y experimentan, la motivación central es claramente el amor.

116

Desinteresado, consumiéndolo todo, amor motivador. Como el Maestro.

La gente de camino a la santidad revela corazones con propósitos. Todo lo que hacen está ligado a un propósito central y motivador. La naturaleza que caracteriza lo que hacen es sintomática de un propósito profundamente motivador. El efecto en su entorno o entre las personas que los rodean está igualmente impreso con su condición intencional. Están llenos del Maestro cuyo propósito es el amor. Ellos también operan con corazones con propósitos, habiendo sido afectados y transformados para reflejar el amor sacrificial y de entrega de su Maestro.

Sin embargo, fue ese mismo amor lo que dio lugar a que el Maestro fuera rechazado. Era tan ofensivo para una cultura egocéntrica y una condición humana egoísta que se volvió intolerable. Por supuesto, el mismo destino también puede esperar a aquellos cuyos corazones son igualmente con propósitos. Rechazo sin razón aparente. Ofensa ilógica. Discriminando el aislamiento. ¿por qué? No por la calidad o el valor del propósito, sino porque un corazón intencionado motivado por el amor es una ofensa al egoísmo en el que muchos eligen vivir. Golpea el corazón de una vida alejada que no está llena del Maestro y que no acepta la idea de motivar el amor. Un corazón con propósito de amor motivacional altera el equilibrio económico de una vida o cultura que se construye sobre el amor contingente, el amor auto- absorbido, el amor que es simplemente una respuesta.

En ese choque dinámico se probará el dolor, el luto, el sufrimiento e incluso la pasión de tu corazón intencionado y a veces roto. Pero como es un motivo, no una respuesta, estás más profundamente formado a imagen de Dios y caminas en una vida plena.

Escritura para examinar: *1 Juan 4:7-8*

Idea teológica para meditar: *El amor de Dios*

Peligro para evitar: *El amor, como sea que lo definas es todo lo que necesitas*

Preguntas para hacerse:

1. Piensa en las personas que amas. Cuando examinas las razones de ese amor, ¿qué descubres? ¿Es por lo que han hecho por ti? ¿Es por lo que puedes ganar con ellos?

2. ¿Encuentras que tu amor por los demás te obliga a preguntar cómo podrías involucrarlos? ¿Los ves como personas que llevan sus propias cargas o como mercancías para tu beneficio?

3. ¿Qué tendría que suceder dentro de ti para que tu carácter se forme más en conformidad con el de Dios para estar motivado por un profundo amor por los demás?

Una oración en respuesta: *"Jesús, Tu amor te llevó a Tu destino. Aunque para almas indignas como la mía, Tu naturaleza no podía hacer menos. Crea en mí un corazón que ame; no por lo que puedo ganar a cambio, sino por lo que se ha forjado desde dentro. Impúlsame por el amor que no espera, sino que sólo da. Asegúrame en el amor que actúa, no simplemente reacciona. Muéstrame a través de mis circunstancias el amor que motiva y da por ninguna causa aparente. Este es el amor que me formará. Este es el amor que me asegurará. Este es el amor que me das."*

CAPÍTULO NUEVE

LIDERAZGO DE SERVICIO

La joven entró en el aula, organizó su computadora portátil y su abrigo en la mesa, y luego se sentó con una mirada expectante. Estaba lista para tomar notas, lista para aprender. Me di cuenta por su comportamiento que hablaba en serio sobre su programa de posgrado y de que estaba realmente convencida.

Al comienzo de cada clase, me gusta presentarme con los estudiantes. Me dirigí a ella para estrecharle la mano y averiguar un poco sobre ella. Íbamos a pasar mucho tiempo como grupo en esta clase durante las próximas nueve semanas. Me gusta conocer a las personas que caminan por la senda del aprendizaje y del desarrollo conmigo.

Me acerqué a ella, "Te ves totalmente lista para la clase. ¿Es este el primer curso que tomas en el programa de MA?"

"¡No, pero he hablado con otros y estoy muy emocionada por tomar esta clase!"

"De verdad, ¿Y por qué es eso?" Respondí inmediatamente al sentirme emocionado de saber que alguien quería estar en mi clase.

"Bueno", dijo. "Quiero aprender acerca del liderazgo servicial. He oído que realmente funciona".

La verdad. Ella estaba allí porque estaba interesada en dominar algo que había oído que la haría mejor, más eficiente en su posición. Para ella, el liderazgo servicial era algo que funcionaba; algo que aumentaría el resultado final; algo que la haría sobresalir. Me di cuenta de que tendría mis manos llenas.

No conocía su circunstancia ni sus sueños. Pero sabía que ella se acercaba a todo el concepto de liderazgo servicial como muchas personas lo hacen hoy en día. Ellos asumen que es simplemente un estilo de liderazgo; un conjunto de habilidades a dominar con el fin de maximizar su influencia en el trabajo y aumentar el resultado final. Para estas personas, el liderazgo servicial es uno de los muchos "modelos" de liderazgo. Es algo así como ir de compras buscando un estilo de liderazgo que mejor se adapte a su personalidad o a su situación. Para ellos, la clave para un buen liderazgo es encontrar el "modelo" adecuado para tener éxito. El liderazgo servicial toma su lugar junto con otros estilos como el liderazgo colaborativo, o el liderazgo situacional o el liderazgo de directivas o el liderazgo autocrático.

En realidad, el liderazgo servicial no es un estilo en absoluto, sino una condición de la vida de alguien que está influyendo en los demás. El liderazgo servicial es una influencia que refleja la condición interior de un siervo que está empoderando y construyendo a los demás para logren su plenitud.

El liderazgo servicial tiene que ver con la condición de tu identidad, no simplemente el desempeño de las actividades de liderazgo.3 Este modelo de condición interior que da lugar a acciones externas es uno que prevalece en todas las Escrituras. El ejemplo más relevante se encuentra en la misma persona de Cristo, la mente de Cristo, para ser exactos. Filipenses 2:5-11 es el mejor lugar para comprender el llamado a una condición, una disposición, una actitud, una mente como la base y la plataforma motivadora para una serie de comportamientos sustanciales que resultan en transformación.

Aparte de las otras características de la plenitud de la vida plena, esta característica podría fácilmente terminar como simplemente un estilo de liderazgo que puede ser imitado en altos niveles de competencia por personas inteligentes aplicando sus habilidades a la situación laboral. Esta característica, como todas las demás entonces, debe verse en equilibrio con todas las demás como un descriptor de una persona plena.

Sirviente versus Esclavo

A menudo la gente pone el término sirviente en una categoría similar a la de esclavo. Claramente hay una diferencia, pero por lo general en la conversación popular ambos describen la función de alguien que hace trabajos serviles para otra persona. Esto es particularmente cierto en algunas culturas fuera de América del Norte.

Hace unos años, mientras hablaba ante una conferencia nacional de líderes empresariales en América Latina, pedí a las trescientas personas de negocios que me dieran palabras rápidamente- y que no incluyera a las esposas- para describir su imagen de sirviente. Esto es lo que se les ocurrió.

Trabajador

Obediente

Subordinado

Invisible

Servicio

Manso

Inculto

Todas estas fueron palabras que vinieron a sus mentes. Y ellos no son los únicos que piensan así. Incluso en el siglo XXI en América del Norte o la cultura asiática o europea, a menudo surgen palabras como estas. Hemos sido programados con una mentalidad jerárquica para aplicar el poder administrativo a palabras como estas. Y, por supuesto, ese poder siempre está más concentrado en los niveles superiores y menos concentrado en los niveles bajos de una estructura administrativa. Así que debido a que la predisposición humana es poner el término siervo en la parte inferior de la organización, por lo que el concepto de siervo no representa poder, influencia ni estatus.

Al establecer la naturaleza fundamental de un siervo, la diferencia entre siervo y esclavo es enorme. Entenderlo en el contexto de una definición más amplia de liderazgo también es muy importante. El liderazgo es simplemente influencia. Al igual que la sal influye en su entorno, también el liderazgo influye en su entorno. Tiene un efecto. El hecho de que haya un efecto es precisamente el liderazgo. El método en cuanto a cómo se logra el efecto es generalmente el tema de la mayoría de las discusiones de liderazgo y es lo que conduce a estilos y rendimiento.

Pero como el liderazgo servicial es una influencia que refleja la condición interior de un siervo, ahora nos centramos en esa condición, no sólo en los resultados. El liderazgo servicial comienza con la condición de una persona, no con la habilidad o las actividades.

Los esclavos tienen una relación subordinada con su amo debido a la coerción. No tienen elección ni recurso. Los esclavos son propiedad y se ven obligados a someterse por amenaza, dolor o simplemente por falta de otras opciones.

Hace milenios, un amo amable a veces liberaba algún esclavo. En ocasiones, cuando eso sucedía, el esclavo podría volver al amo y jurar voluntariamente lealtad al amo vinculándose así a ese amo. Ya no eran esclavos, sino que ahora eran sirvientes.4 Esta era una condición muy diferente. Aun así, el siervo que se había vinculado o emparentado ocuparía el mismo espacio, haría las mismas cosas y se comportaría de la misma manera hacia el amo. Sin embargo, ahora lo hacía voluntariamente y no por coerción.

La diferencia entre un esclavo y un sirviente, entonces, es simplemente una cuestión de voluntad. Un siervo está subordinado voluntariamente a un amo al que jura lealtad. Es posible que los comportamientos no cambien. Pero la condición interior sí. Y cuando una persona se compromete voluntariamente a ser el siervo de otro, la condición del siervo se altera. De esta manera, el liderazgo servicial puede utilizar una variedad de estilos de liderazgo. Pero es la condición de la persona que refleja esos comportamientos de liderazgo lo que los convierte en un líder siervo.

Tu pudieras ser un líder autocrático, o un líder colaborativo, o un líder de dirección, o un líder de teoría X, y seguir siendo un líder siervo. El verdadero problema no es el estilo, sino la condición interior de tu vida y cómo esa condición se refleja en cualquier estilo de liderazgo que apliques. Tú puedes preguntar: "¿Cómo se ve afectada la condición de una persona por ser sirviente?"

El Constructo Siervo/Amo

Donde hay un sirviente, siempre debe haber un amo. Si no hay amo, no puede haber sirviente. La palabra en sí pierde cualquier significado aparte de eso. Este constructo de siervo/amo tiene un profundo impacto en una persona que se compromete a ser siervo. Las personas plenas se han comprometido a ser siervos de Dios. Inmediatamente se establece la construcción del siervo/amo y el efecto comienza a verse tanto en la persona como en los influidos de Dios. Su lealtad es sólo a Dios. Su naturaleza es ser un siervo y no simplemente hacer las cosas que el amo quiere. Los esclavos y mercenarios pueden hacer eso. Lo que hace únicos a los siervos es que se han sometido voluntariamente a un amo. Es mucho más que negociar un acuerdo para realizar ciertos servicios para otra persona. Los siervos se han vaciado de sus derechos y han humillado sus voluntades a la de otro.

Al desprenderse de sus derechos, han optado voluntaria y deliberadamente por abandonar su control sobre los derechos que naturalmente se derivan de su posición, edad, educación o estatus.5 Al humillar su voluntad, voluntariamente han inclinado su agenda, ambición y deseo personal a la de una voluntad diferente. No puedes asirte de tus derechos personales

127

y seguir sirviendo a otro. Y ciertamente no puedes afirmar tu propia voluntad y aún cumplir con la de otro.

He encontrado a muchas personas —como ustedes también pueden haber encontrado- que dicen ser siervos de Dios. Sin embargo, se comportan como si se protegieran de la imposición de los demás. ¿Por qué tantos cristianos se demandan unos a otros? Están reclamando sus derechos. ¿Por qué tantos líderes eclesiásticos negocian tenazmente por un salario mayor? Algunos de ellos sienten que es su derecho. ¿Por qué hay tantas peleas, incluso en las organizaciones cristianas? Porque alguien siente que sus derechos están siendo violados y piensa que deben defender sus derechos o nadie más lo hará. Sin embargo, cuando juramos lealtad a Dios, ¿no renunciamos a nuestros derechos? ¿No abrimos la mano en libertad y renunciamos a reclamar lo que tan firmemente tenemos agarrado? ¿No estamos llamados a desprendernos de nuestros derechos para ponernos la servicial de Cristo?

No estoy hablando de ser una alfombra frente a una puerta. Pero estoy diciendo que cuando decimos que somos un siervo de Dios, significa algo. Significa que nuestra disposición no es "pegajosa". No nos aferramos a nada que se pegue firmemente a ella como si de alguna manera eso fuera nuestra salvación: posición, estatus, salario, posesiones. El mundo puede decir que es nuestro derecho. Pero cuando nos vaciamos voluntariamente, no nos aferramos a nuestros derechos más de lo que Jesús se aferró a Su igualdad con Dios. Y probablemente has visto a muchas personas cuya mayor lucha es salirse con la suya. A veces lo llamamos tenacidad. Eso puede ser una buena característica a menos que se convierta en obstinación, auto voluntad o desobediencia. Humillar voluntariamente tu voluntad a la de otro — incluso a Dios— es algo doloroso y difícil. Es contrario a nuestra naturaleza humana que quiere defenderse a cada paso. Inclinarse en lugar de defenderse es el camino del quebrantamiento que un siervo debe caminar. Eso es lo que llevó a Jesús al aislamiento con tanta frecuencia. De eso se trataba la gran lucha en el jardín antes de morir. Una batalla de las voluntades. No es fácil. Pero la naturaleza de un siervo se forja en la batalla de las voluntades. Dos voluntades no pueden coexistir.

El Efecto

Dos cosas pasan cuando te conviertes en un siervo. Primero, tu naturaleza se transforma en la semejanza de tu amo. Esta es una consecuencia natural. La naturaleza del amo comienza a frotarse en ti. Al comprometer tu lealtad a un amo, ya sea intencional o involuntariamente, te expones a la naturaleza de ese amo. Te vuelves susceptible a su influencia. Empiezas a ser como tu amo. Eso es porque tendemos a llegar a ser como los que son más importantes para nosotros. Cuando alguien o algo es importante para ti, entonces asumirás sus características. La naturaleza de ese amo encontrará su camino en el núcleo de tu ser y tu naturaleza se volverá similar. No es tanto algo que haces sino es sólo el efecto natural.

En segundo lugar, tus prioridades se alinearán con las prioridades de tu amo. Lo que es importante para tu amo será importante para ti. Una vez más, es un efecto natural de servir a un amo. No es que trabajes duro para realinear tus actividades y prioridades, pero simplemente sucede. Así es como se ve todo esto. Cuando te sometes voluntariamente a tu amo, tu naturaleza inmediatamente comienza a ser influenciada por ese amo. Hay una naturaleza o carácter asociado con esa persona o cosa. Esa naturaleza o carácter comienza a frotarse en ti porque te has abierto a su influencia. Después de un tiempo, comenzarás a reflejar la naturaleza de tu amo. Si eso no sucede, entonces tú no te has sometido. Un siervo se somete. Un siervo se vacía y se humilla a la influencia del amo. El efecto es natural.

Del mismo modo, tus prioridades comenzarán a realinearse. La misión de tu amo se convertirá en tuya. Eso es parte de por qué eliges servir a ese amo. A medida que te acercas a las actividades del día a día, comenzarás a verlas a través de los ojos de tu amo y tratarás de averiguar la mejor manera de usarlas para el bien de la prioridad de tu amo.

Así que ahora llegas a la pregunta más importante que tienes que hacerte a ti mismo. Es simple.

"¿Quién es tu amo?" Piénsalo. Imagina los posibles amos a quien las personas pueden elegir servir. En muchos casos, los amos a los que las personas sirven se convierten en sus amos automáticamente y no por una elección intencional. Estos son algunos de los amos más comunes a quienes la gente puede servir.

Dinero

Uno Mismo

Posición

Poder

Otros

Dios

Cada uno de estos posibles amos tiene una naturaleza apegada a ellos. Y cada uno tiene un conjunto de prioridades. Si sirves a uno de ellos, comenzarás a asumir las características de su naturaleza y comenzarás a operar de acuerdo con sus prioridades. Eso no es una amenaza o predicción. Es sólo el efecto natural.

Muéstrame a alguien que sirve al dinero y te mostraré a alguien que es codicioso y se esfuerza por acumular.

Muéstrame a alguien que se sirva a sí mismo y te mostraré a alguien que es egoísta y se comporta arrogantemente.

Muéstrame a alguien que sirva a la posición y te mostraré a alguien que es manipulador y sube lo más alto posible.

Muéstrame a alguien que sirve al poder y te mostraré a alguien que es abusivo y siempre exige condiciones.

Muéstrame a alguien que sirve a los demás y te mostraré a una persona insegura que siempre busca complacer a los demás.

Muéstrame a alguien que sirve a Dios y te mostraré a alguien que es semejante a Cristo y busca la reconciliación.

No estoy sugiriendo que todos estos son mutuamente excluyentes. Es decir, no es un caso en el que sólo tengas una influencia en tu vida. En serio, todos lidiamos con todas estas influencias. Cada uno de ellos quiere ser el amo. Algunos tienen voces más fuertes que otros al atraerte o persuadirte. Puedo decirles que la voz de Dios es una voz pequeña. Otras son considerablemente más detestables.

El problema no es si tienes que tratar con todos ellos. Lo harás. La pregunta es ¿cuál será preeminente en tu vida? ¿Qué influirá más en ti? ¿Cuál ordenará tus prioridades y dará forma a tu naturaleza? ¿Cuál será el amo?

Dependiendo de lo que elijas, los demás caerán en subordinación. Aún tendrás que lidiar con Dios si sirves al dinero. Puedes utilizar a Dios o cosas religiosas para conseguir buenas conexiones y ofertas para hacer más dinero. Pero aun así tendrás que lidiar con Dios. Aún tendrás que lidiar con el dinero si Dios es tu amo. Pero eres responsable de que esté subordinado a Tu amo y a Su naturaleza y prioridades. Tú puedes usar el dinero para mostrar tus prioridades. Eso se llama diezmo. Puedes usar el dinero con una naturaleza que refleje a Cristo en generosidad y con gran mayordomía. Cualquiera que sea tu elección, los demás caerán en su lugar a la luz del Amo. Los usarás con una naturaleza que refleje la naturaleza o el carácter de tu amo. Y los usarás de acuerdo con las prioridades de tu amo. Así que elige bien a quién o a qué servirás.

Verás, la naturaleza de Dios es santa. El carácter de Dios se expresa más plenamente en la persona de Cristo. Vemos a Dios visiblemente en Cristo. En Cristo vemos la santidad de Dios. En El "contemplamos" la gloria del Padre.6 Al hacerse humano, Cristo soltó Sus derechos como Dios y humilló Su voluntad a la de Dios. La cimentó en el jardín antes de su muerte, cuando dijo: "¡No se hará mi voluntad, sino la tuya!"7 Su naturaleza era el reflejo pleno de la naturaleza de Dios. Y Sus prioridades fueron ordenadas por el Padre. Al fin de cuentas para eso fue que el vino. La prioridad número uno de Dios era restaurar a las personas de nuevo a una relación con El. Así que, al servir al Padre, la prioridad de Cristo también se convirtió en restaurar a las personas a toda costa; sin importar el precio.

A menudo confundimos el significado más profundo de la palabra siervo. A veces decimos que Cristo vino a servir, y lo hizo. Ministraba a las necesidades de las personas de las cuales la necesidad de reconciliarse con Dios era la principal. Pero al servir a la gente, estaba realizando actos de servicio o ministerio. Esto no quiere decir que era su sirviente. Una es una función de actividades, la otra de identidad. Del mismo modo, nuestro lenguaje popular está lleno de referencias donde nos servimos unos a otros, brindamos servicio a los demás, incluso preguntamos: "¿Cómo puedo servirles?" Pero todo eso se refiere a las actividades que podemos realizar para ayudar. No es una referencia a la identidad básica de una persona.

Si elegiste intencionalmente ser siervo de Dios, será un camino dinámico diariamente- abriéndote a la naturaleza de Dios y reflejando cada vez más a Cristo. Y tus prioridades comenzarán a realinearse para que lo que solías pensar que era importante se vuelva menos valioso. Y de repente te encontrarás pensando en cosas que son importantes para Dios. Como personas perdidas, rotas, heridas, necesitadas. Comenzarás a llevar una naturaleza semejante a la de Cristo en lo que hagas, no importa cuán servil sea. Nuestras actividades diarias comenzarán a reflejar a Jesús porque somos susceptibles a la influencia de la naturaleza y las prioridades de nuestro Amo.

Cuando la gente te vea, sin duda verán comportamientos que están siendo reformados y enfocados en nuevas prioridades y los admirarán. Pero sobre todo comenzarán a sentir curiosidad por la personalidad del Amo cuya naturaleza se está haciendo evidente en la obra de arte de tu vida. El Amo está en ti. Nuestra naturaleza y nuestras prioridades cada vez más son un reflejo de Él. ¡Es una vida plena!

Escritura para examinar: *Filipenses 2:5-11*

Idea teológica para meditar: *La mente servicial de Cristo*

Peligro para evitar: *Estilo de liderazgo solamente*

Preguntas para hacerse:

1. Cuando haces un inventario de las acciones de tu vida, ¿a qué "amo" parecen señalar? ¿Aceptas como punto de referencia principal lo que tu comportamiento indica que es tu amo? ¿Quién es tu amo? ¿Cuáles son las características que esperas que se harán evidentes en ti a causa de tu amo?

2. Si has declarado intencionalmente que tu amo es Dios, ¿te encuentras todavía agarrando el control de tu futuro

y agenda personal? ¿Cómo podrías aprender más fácilmente el acto intencional de la sumisión?

3. ¿De qué manera las prioridades de tu vida son consistentes con lo que dices que es tu punto de referencia: su amo? Cuando le preguntas a los demás a quien perciben como tu amo basado en tu comportamiento, ¿qué dirían? ¿Te rendirás voluntariamente al empujón interior y a la voluntad de Dios en las decisiones que tomes hoy? ¿Mañana?

Una oración en respuesta: *"Señor, hazme como tú. Tú eres un siervo, Señor, hazme uno también. Tú eres mi Amo, así que fórmame para reflejarte. Prometo mi lealtad solo a ti. Libero mis derechos, entrego mi voluntad. Deja que mi vida se mueva a Tu impulso y que mis prioridades sean ordenadas por Tus deseos. Te serviré a ti y a ninguno otro. Te serviré para que puedas llegar a los demás, porque esa es Tu voluntad. Permíteme someterme, así como Tú te sometiste, y orar, así como Tu oraste 'que se haga no mi voluntad sino tu voluntad' ".*

CAPÍTULO DIEZ

TRABAJO SIGNIFICATIVO

¡Diez mil millones! 10,000,000,000! Es alucinante. Eso es lo que Bill Gates contribuyó a las vacunas para reducir las tasas de mortalidad infantil. Oprah Winfrey ha donado $12,000,000 para ayudar a Morehouse College a desarrollar hombres negros para el liderazgo y el servicio. Warren Buffet ha regalado $37,000,000,000 a cinco fundaciones benéficas.

¡Wow! En cualquier medida esas son hazañas increíbles. Valiosas contribuciones a la sociedad y a las necesidades de las personas. Si alguien puede afirmar que lo que hace tiene valor, Gates, Winfrey y Buffet serían los que pueden. Y representan una pequeña fracción de las personas que diariamente donan, dan, valoran, contribuyen o invierten desinteresadamente su riqueza por una causa buena y digna.

Piénsalo. Con las contribuciones masivas de sólo estas tres personas, alguien podría escribir un libro sobre las vidas que se están afectando. Esa cantidad de dinero puede hacer una mella significativa en las causas a las que están comprometidos.

A primera vista hay dos puntos de referencia que la mayoría de nosotros usamos para determinar que estos actos de generosidad tienen valor. Primero es la cantidad de dinero. La cantidad de estas contribuciones es mega enorme, y el valor que aporta es mega enorme. Dios mío, ¿te imaginas lo que un millón podría hacer? La mayoría de nosotros no podemos, mucho menos varios miles de millones. No hay duda de que en algún momento en los próximos diez años se desarrollarán vacunas que salvarán las vidas de innumerables niños. No hay duda de que cientos y miles de jóvenes negros crecerán, se desarrollarán y alcanzarán el liderazgo debido al dinero dado. Los resultados son inconmensurables.

En segundo lugar, la causa por la que se hicieron las contribuciones. Nadie podría dudar ante la idea de que 37.000 millones de dólares a fundaciones benéficas pueden multiplicarse en efecto en todo el mundo. Todas estas causas son nobles, altruistas y maravillosamente altas en calidad moral. El hecho de que estos son tan buenos propósitos hace que lo que estas personas hacen sean muy valioso.

Cualquiera de estas razones —la cantidad de generosidad o la causa a la que dan— es suficiente para hacer que los donantes sientan que lo que han hecho es verdaderamente significativo. Claramente estos son casos de alto perfil que pocos otros pueden igualar. Sin embargo, la gente cotidiana hace cosas igualmente nobles y moralmente buenas. En la mayoría de los casos, las personas que las hacen sienten que lo que están haciendo es valioso. Y encuentran significado en sus acciones ya sea por la cantidad de lo que hacen o por la causa a la que se entregan.

Puede que seas algo así. No en este nivel, pero se utilizan medidas similares para determinar el valor de lo que se hace. Usted puede mirar "cuánto" o en la "causa" y al hacerlo usted evalúa el valor de lo que hace por el resultado que tiene. Tal vez incluso evalúe si su trabajo es significativo en función del resultado que tiene o la cantidad que le da al mismo.

Nuestra cultura contemporánea aplica una cuadrícula basada en resultados al proceso de asignación de valor. Si lo que haces es grande y tiene una causa noble entonces tal vez sientas que es significativo. Y ciertamente si el resultado es bueno y produce grandes resultados, te alejas sintiéndote satisfecho y valioso.

Los resultados, la cantidad o la causa suelen ser la base sobre la que determinamos el valor y el significado de lo que hacemos. Es evidente que es normal una valoración al "hacer". Después de todo "hacer" por naturaleza llama a la mente algún tipo de resultado. Pero la única variable que se deja fuera, y tal vez es la más importante, es la razón por la que la motivación se inicia.

¿Qué sucede con los muchos para los que una gran cantidad de cualquier cosa, dinero, tiempo o producto son imposibles de proporcionar? ¿Qué les pasa a los muchos para quienes una noble causa más allá de simplemente llegar a fin de mes es sólo un sueño imposible? ¿O qué pasa con los muchos que no se notan, que no se destacan entre la multitud, que son promedio en el mejor de los casos y no pueden convencer a quien está juzgando que son un miembro valioso del equipo? ¿Esas personas están relegadas al trabajo que no tiene sentido? ¿Tienen valor? ¿Tendrán compromiso en un trabajo significativo?

Significado más que Resultado

Moisés era un hombre así. Tenía todas las oportunidades. Fue criado en un palacio como nieto del rey. Probablemente tenía todo lo que necesitaba y todo lo que quería. Fue privilegiado y tuvo un futuro brillante como miembro de la familia real. Sin embargo, ninguna cantidad de privilegio o posesión le dio sentido. Trató de encontrar significado en una causa, la causa de su pueblo. Pero le falló. La falta de significado le llevó a deambular durante años como un pastor común en el desierto. Este era un trabajo bajo y de poca destreza. Mundano en el mejor de los casos. Desapercibido y sin valor, en el peor. Sin embargo, fue en este contexto que Moisés se formó cuando se encontró con Dios en la zarza ardiente. En el contraste entre el privilegio acomodado y la rutina aislada se encontró cara a cara con la fuente de verdadero significado. No estaba en el resultado, sino en Aquel que lo llamó.

Moisés consideró que su obra desde ese momento era significativa. No porque supiera el resultado. No porque liberar a la gente de la esclavitud fuera una posibilidad convincente, y ciertamente no porque fuera una posición codiciada, había argumentado que no lo haría. Fue significativo debido al hecho de que Dios lo había llamado a él, independientemente del resultado.

Verás, lo que haces es significativo no porque puede agregar al resultado corporativo, o a los indicadores de rendimiento clave de la organización, o incluso a la cantidad de producto. Para aquellos que son plenos, el trabajo es significativo debido al llamado a hacerlo. Es la llamada del Maestro la que da lo que usted valor y significado. El hecho mismo de que Dios llame hace que sea suficiente para ser significativo, sin importar el resultado.

En una cultura definida por resultados, lo esencial, y productos objetivos, este es un principio muy difícil de aceptar, y mucho menos para vivir. Cuando su producción es promedio o poco notable, todavía puedes encontrar valor en lo que haces porque Dios te ha llamado a ello. Eso en sí mismo lo hace significativo. Para las personas plenas, la obra significativa se basa en el llamado de Dios.

Respondiendo al que llama

Echemos un vistazo más de cerca a esto. La idea del llamado es muy similar al concepto de vocación. A menudo equiparamos la idea de vocación a la función de un trabajo. Alguien pregunta: "¿Cuál es tu vocación?" Respondes con el título del trabajo o la categoría de trabajo que tienes. La vocación está determinada por la posición y la función.

Sin embargo, la idea de vocación o llamado tiene un significado mucho más profundo. Hace mucho tiempo, el término vocación estaba reservado sólo para aquellos que se dirigían al oficio pastoral o al sacerdocio. Era un camino contemplativo hacia el liderazgo de la iglesia. La influencia de este entendimiento todavía se puede ver en la Iglesia Católica Romana hoy en día. Al hablar del futuro del sacerdocio, a menudo puede escuchar a los líderes de la iglesia decir que "las vocaciones han bajado". En otras palabras, el número de personas que dan testimonio de un llamamiento al sacerdocio ha disminuido.

De repente, los obreros y las personas del mercado podían tener acceso personalmente a Dios y sentir una satisfacción en lo que hacían como vocación. Esto vino con el surgimiento del *vocatio activa* en lugar de la *vocatio contemplativa* previamente limitada.8

Con la Reforma llegó la idea del "sacerdocio de todos los creyentes", que desdibujó las líneas entre el clero y los laicos. Incluso aquellas personas que no estaban siguiendo un llamamiento contemplativo al sacerdocio podían tener acceso a Dios tanto para el perdón como para cumplir algún destino que tenía para ellos.

Piensa en la palabra vocación. ¿Cómo suena? En su raíz está la palabra vocal o voz. Dondequiera que haya una voz o una vocalización, hay un vocalista. Si oyes una voz sabes que hay una persona cerca. Nunca hay una vocalización sin un vocalista. Así que detrás de la vocación hay un vocalista.

De repente, el concepto de vocación adquiere un nuevo significado. Ya no es el destino impersonal que se define por trabajos o despliegues o carrera. Ahora se convierte en un asunto intensamente personal que te conecta con un vocalista que está hablando, vocalizando, invitándote a una senda de plenitud y destino. Las personas plenas identifican a ese vocalista como un Dios personal con quien tienen una relación íntima de diálogo. Considere la perspectiva griega sobre la idea. A menudo equiparamos la idea de la vocación con un sentido de llamado. Cada vez que pregunto a la gente cuál es la diferencia entre una vocación y un trabajo, a menudo usan la palabra llamado para describir una vocación. Kaleo significa llamar. Tenemos la palabra iglesia que procede de esta raíz. La iglesia es la ecclesia, los que son llamados. Una vez más, cuando escuchas una llamada de algún tipo, siempre sabes que hay una persona que llama. Alguien está detrás de esa llamada. Es una persona. Detrás de cada llamada hay una persona que llama.

De repente, la idea de ser llamado se vuelve mucho más personal. No es simplemente cumplir algún destino inanimado para el que aparentemente fuiste concebido como esta evidenciado por tu gran actuación. Ahora estás en una asociación altamente relacional y dinámica con una persona que llama y te invita a un poco de énfasis, enfoque, camino para tu vida que proporciona plenitud y significado.

El Vocalista, o el que llama, es una persona. Llamamos a esa persona Dios. Dios te creó. Dios te formó con la mezcla única de habilidades, pasión y personalidad. Al crearte de forma única, entonces, este Vocalista sabe cuál es la mejor manera en que tú te sentirás realizado y como experimentarás un trabajo significativo, por lo que vocaliza una invitación. En esa vocación experimentas crecimiento dinámico, significado, realización y encuentras valor en lo que haces, no tanto por el resultado como por el hecho de que el Vocalista te invitó. Tu valía se deriva del Vocalista, del Llamador—Dios.

144

Encontrar tu llamado

Tal vez una de las preguntas más frecuentes, especialmente por los jóvenes, tiene que ver con cómo identificar mi llamado, una vocación. Porque la vocación no se limita a los que caminan con Cristo, es importante no limitar solo para los cristianos la posibilidad de que Dios llame a las personas a un camino de plenitud. Sin embargo, la plenitud completa sólo se encuentra en comunión con Dios a través de Cristo. Pero muchos que no tienen esa comunión personal pueden encontrar valor en lo que hacen porque encuentran su vocación.

Sugiero que empieces a buscar la semilla de tu vocación donde tu pasión, habilidades y personalidad encuentran convergencia. Dios te ha hecho. Te ha dado una personalidad- que es la manera en que te acercas a tu entorno. Te ha dado habilidades- lo que haces muy bien. Te ha dado pasión- lo que amas y lo que te motiva. Donde la personalidad, las habilidades y la pasión entran en convergencia y sinergia, puedes esperar ver el camino de tu vocación.

Al principio, el "sendero" puede no ser un camino claramente marcado o estrechamente definido. Puede ser un sentido general de dirección. Sin embargo, a medida que te despliegas en trabajos que generalmente están en esa dirección, comienzas a enfocarte, a definirte, restringir y articular poco a poco un sentido más preciso de tu llamado. A medida que refinas cada vez más esa vocación sientes una mayor urgencia, motivación, compulsión interior que proviene de la realización que encuentras en un trabajo significativo que es consistente con lo que sientes que fuiste creado para hacer.

Una vez más, sin embargo, tu trabajo se vuelve significativo no debido al resultado, aunque eso es importante como mayordomo de un llamado, sino debido al valor de saber que el autor de la llamada te ha invitado a este camino. ¡Y te sientes realizado-pleno!

Pero te preguntas: "¿Qué pasa con la gente que tiene un trabajo, pero no tiene sentido de llamado? Sólo lo hacen para ganar dinero". Buena pregunta. Pablo era así. No ganaba dinero con su vocación como misionero. Tenía un trabajo que no era su vocación. Hizo tiendas de campaña y las vendió. Esto le proporcionó los ingresos para sostenerse a sí mismo para que pudiera seguir haciendo lo que sabía que era su vocación.

Por supuesto, sería bueno que nuestros trabajos fueran siempre una expresión de nuestra vocación. Pero puede que no siempre sea así. No te amargues. No te desesperes. No minimices el trabajo que tienes. Utilízalo para averiguar cómo podrías cumplir con tu llamado a través de él.

Y al menos, agradece que tienes un trabajo que te proporciona para las necesidades básicas de supervivencia para que puedas seguir tu vocación en otro lugar. Vale la pena por la libertad que te da. Saber que puedes cumplir con tu necesidad de dinero, da razón al trabajo, incluso si no es la fuente de significado profunda en tu vida. Estoy seguro de que Pablo estaba agradecido de su trabajo para hacer tiendas de campaña porque proporcionaba los ingresos básicos para vivir con el fin de que él pudiera entregar su pasión, capacidad y personalidad, a su vocación.

Si tu trabajo está en línea o es una expresión de tu vocación, debes estar agradecido. Especialmente los pastores deben estar profundamente humillados y agradecidos de que lo que reciben de la iglesia en salario no se da en compensación por lo que hacen, sino para liberarlos de la distracción de tener que sostenerse para que puedan darse todo a la obra de estudio, pastoreo y cuidado espiritual.

¡Qué trágico es cuando escucho de un pastor que está negociando para tener ingresos más y más altos utilizando una premisa falsa de dignidad personal que exige un cierto nivel de remuneración! Lo tienen al revés. No es compensación. Es el esfuerzo del pueblo para liberarlos de manera tal que puedan hacer el trabajo de su vocación.

¿Llamados para qué?

En toda nuestra conversación de vocación y llamado, también debemos profundizar un poco en los niveles del llamado. Si es el llamador el que da significado para trabajar entonces una pregunta natural podría ser "¿A qué nos llama el llamador?"

Primero, Dios llama a todos —sin excepciones— a ser discípulos. No está dispuesto a que alguien perezca, sino que todos entren en la vida eterna en comunión con El. Aquí el llamado al discipulado es amplio y de gran alcance. Pero la respuesta es limitada. Algunos eligen aceptar ese llamado y otros eligen rechazarlo. Aceptarlo significa caminar con Jesús por el camino de la salvación. Para recordar la imagen del río en Ezequiel 47, estas personas están en el río, pero tal vez no tan lejos como para que el agua esté sobre sus cabezas.

Segundo, Dios llama a los que caminan con Cristo a la servidumbre. Está pidiendo a los miembros de su familia que se pongan la misma mente que Cristo demostró cuando se convirtió en siervo a través de vaciarse y humillarse a sí mismo. Esa servidumbre es un camino difícil. No es algo que sea particularmente fácil, ya que requiere la negación de sí mismo y entrega personal. Responder a este llamado a menudo conduce al quebrantamiento y al sufrimiento. Este es el camino por el que nos desprendemos de intereses y agendas personales para ser útiles y sensible a los propósitos de Dios. Al abrazar la servidumbre, nos encontramos en medio del río donde nuestros pies no pueden tocar; completamente entregados al flujo de la voluntad de Dios. Es una experiencia de transformación en los niveles más profundos de nuestra identidad.

Tercero, Dios a veces llama a mujeres y hombres al liderazgo en Su Iglesia. En ocasiones llamado ministerio vocacional, este término nos recuerda a las primeras referencias a la vida contemplativa de reflexión, liderazgo espiritual, pastoreo y cuidado. Su precursor es el llamado que Dios hizo a Leví en el éxodo de los israelitas de su cautiverio.

¿Recuerdas cuando Moisés asignó las diversas tribus de la nación a lugares particulares en el campamento mientras cruzaban el desierto? Cada uno tenía un lugar. Levi no tenía ninguno. Levi fue asignado a la tienda de Dios para estar entre el pueblo. Para moverse por todo el campamento más grande e ir donde la necesidad era mayor. ¿Recuerdan también cómo cuando las tribus fueron enviadas de manera similar a las asignaciones geográficas en la distribución de la Tierra Prometida? A cada tribu se le dieron instrucciones y fronteras específicas. Levi no las tenía. Levi no recibió tierra. La tribu de Leví fue asignada al Templo de Dios, para cuidar de llevar la presencia de Dios entre el pueblo, para llevar las necesidades del pueblo a la presencia de Dios. El sacerdocio levítico se convirtió en el modelo para el llamado al ministerio vocacional.

Me gusta decirles a los pastores jóvenes que cuando son llamados al ministerio pastoral no tienen hogar, sino la Iglesia. Dondequiera que el jefe de la Iglesia los necesite más, allí irán. En el antiguo ministerio itinerante de la iglesia metodista y sus derivados, la itinerancia estaba en la raíz de la ordenación. Los pastores estaban listos para ser movidos, ya que la necesidad era evidente. Raíces, lugar, ubicación eran todos lujos que no eran parte del llamado al liderazgo espiritual. Tales gravámenes sólo sirvieron para distraer al pastor de la lealtad primaria del llamado de Dios y de las necesidades de las personas.

Desafortunadamente, las iglesias y los pastores a menudo tratan de tener todo: acomodarse a la necesidad de que los líderes espirituales sean permanentes y proporcionarles vínculos físicos en un lugar. Tal vez esto pueda ser un factor que contribuye a la pérdida de vitalidad en muchas iglesias donde las lealtades del pastor se dividen entre el llamado de Dios y su territorio personal.

Cuarto, en raras ocasiones Dios puede llamarnos a un lugar específico. Un lugar, un trabajo, una organización. Muy a menudo Dios no llama a "un lugar". Pero de vez en cuando lo hace. Consideren el llamado macedónico de Dios a Pablo. Era una urgencia particular para un lugar y una gente en particular.

Sin embargo, sobre todo, una llamada se centra en la condición de nuestra vida; el camino de nuestra vida y la ubicación nos queda a nosotros para decidir mediante el uso de la razón y los principios de mayordomía en cuanto a la mejor manera de ser desplegados para máximo impacto.

No es raro en estos días escuchar a alguien decir que está llamado a una iglesia o trabajo en particular o incluso a un lugar. A menudo me pregunto si ese es el caso o si están redefiniendo la idea de llamado para que simplemente signifique que su propio deseo interno es tan fuerte, de manera tal que parezca ser más que una simple opción. Realmente quieren esto y enmarcan el profundo deseo interno como una llamada, no del Llamador, sino de su propio yo interior.

La Cabeza Llama, el Cuerpo Confirma

Hay un gran peligro al identificar un llamado con lo que es simplemente nuestro propio deseo profundo. Usar la idea del llamado para salirse con la suya raya en abuso. Es una forma de coerción. El pastor dice, "estoy llamado a este lugar". ¿Quién va a discutir con eso? ¿Cómo refutas la incompetencia continua que está protegida bajo el paraguas de un llamado? Me pregunto cuántas iglesias locales se han convertido en víctimas de un pastor inseguro, un líder laico de mando o alguna otra persona que se acosa anunciando que Dios le llamó a un puesto, a un trabajo o a una acción.

Para mitigar ese tipo de abuso, permítanme ofrecer un axioma simple pero eficaz. Dios llama, pero la Iglesia es la que confirma. En otras palabras, donde no hay confirmación por parte de otros que son piadosos y ellos mismos llenos del Maestro, probablemente no haya ningún llamado. O al menos está incompleto y no debe ser actuado. Esa es la naturaleza tanto del Cuerpo de Cristo como la postura estándar de una vida plena.

La Cabeza llama, pero el Cuerpo lo confirma. El Maestro no llamaría a alguien a algo que esté en desacuerdo o sea destructivo para los demás o para la obra mayor del Reino. Además, una persona plena siempre caminará con cierta humildad que permanece abierta a la perspicacia, influencia y guía de los demás. Siempre desean confirmar que lo que creen que es un llamado es de hecho coherente con los principios y la naturaleza del Maestro.

Estas personas tienen tanta intimidad con el Maestro que reconocen su propia responsabilidad de tomar decisiones que estén llenas de la naturaleza del Maestro y lo reflejan bien. Así que nunca afirman la idea de un llamado por medio de la coerción, o el abuso. Y se dan cuenta de que mientras su vida refleje al Maestro, tendrán la responsabilidad de tomar una decisión que demuestre su buena mayordomía.

Así que la vida plena te abre a encontrar significado y valor en lo que haces porque el Maestro te ha llamado. Pero ese llamado es más a menudo una llamada a una vocación, una condición y una naturaleza interior que teje la pasión, capacidad y personalidad. Las opciones específicas para la implementación coherente con eso son la responsabilidad que se asume en nuestro viaje.

Escritura para examinar: *Éxodo 3*

Idea teológica para meditar: *El llamado de Dios*

Peligro para evitar: *Liderazgo autoritario*

Preguntas para hacerse:

1. ¿Cuál es el llamado de Dios en tu vida? ¿En qué eres bueno? ¿Qué es lo que te apasiona? ¿Dónde encaja tu personalidad?

2. ¿Ves lo que haces como valioso? Si es así, ¿cuál es la fuente de ese valor?

3. ¿Cómo te otorga confianza el conocimiento del llamado de Dios en lo que haces?

4. Si tu trabajo no es tu vocación, ¿todavía estás agradecido por el mismo como una manera de proveer para tus necesidades? ¿Cuál es tu vocación y cómo la vives?

Una oración en respuesta: *"Señor Celestial, concédeme un lugar para cuidar de mis necesidades y las de mi familia. Que obtenga provisión para mi sustento diario. Sin embargo, que lo que hago sea por Tu llamado. Y que la voz de Tu llamado sea la fuente por la cual mido el valor de mis días. Mantén mis manos ocupadas y que oiga Tu llamada para formar mi futuro. Ya sea mundano o excepcional, permítanme estar seguro de que eres Tú quien me ha invitado a gastar mi vida, mi tiempo y mi energía en esta actividad. Y daré gracias cada día por la provisión que me concedes y el sentido de realización que proviene de tomar en cuenta tu llamado".*

CAPÍTULO ONCE

PENSAMIENTO CURIOSO

Imagina por un momento que Dios es el color azul sólido. Sé que suena extraño, pero aguanta un poco y creo que se aclarará. Dios es azul, completa y puramente azul. Imagina un círculo grande de color azul en una pizarra que representa el azul. Eso es Dios. Ahora, en una línea continua de una línea que se extiende hacia la derecha, imagina que hay varios círculos más pequeños a intervalos que se extienden más lejos del azul.

Cada uno de esos círculos más pequeños representa a una persona. Y cada uno de esos círculos se vuelve cada vez menos azul cuanto más lejos del azul puro están. (La idea se representa en la ilustración menos colorida de la página siguiente. Recuerda, ¡estamos usando nuestra imaginación!) El más cercano es en su mayoría azul. El siguiente es medio azul. El siguiente más lejano tiene evidente azul, pero en su mayoría no es azul. Y el que está más lejos del gran punto azul tiene sólo una pequeña mancha de azul en él. Es apenas visible.

¿Cuál es la diferencia entre todos esos círculos que representan a las personas? Bueno, por supuesto, tiene que ver con la proximidad al azul puro. Cuanto más cerca están, más azules están. Cuanto más lejos están, menos evidente es el azul.

155

Verás, cuando Dios creó a hombres y mujeres, los creó a Su imagen. Eso significa que los atributos y semejanza de Dios fueron puestos en nosotros. Una parte significativa de esa naturaleza es la capacidad de elegir: el libre albedrio. Al ejercer ese libre albedrio, actuamos egoístamente y creamos la distancia entre nosotros y Dios. Nos alejamos de Dios.9 Esa es la esencia del pecado, la separación de Dios.

Sin embargo, a nuestra distancia de Dios, sigue habiendo evidencia de la imagen de Dios en nosotros. Puede ser difícil de ver. Puede estar deformada y tan cubierta que es irreconocible. Sin embargo, está ahí, un pequeño punto azul que es la evidencia de que la gente tiene la imagen de Dios en ellos. Debido a ese distanciamiento o distancia de Dios, el azul se vuelve menos prominente y descriptivo de la vida de una persona.

Pero en algún lugar de esa vida deformada, hay un punto azul tratando de ser visto. Considera al pecador más profundo. En algún lugar de la vida de esa persona hay un remanente de la imagen de Dios que ha sido tan retorcido, deformado y cubierto por el egoísmo que es difícil de ver. Sin embargo, está ahí.

Ver lo Azul

Todo el mundo tiene la imagen de Dios impresa sobre ellos. Son dignos de la gracia de Dios y del objeto de Su amor. Es por lo que los esfuerzos de Dios siempre han sido reconciliarse, para volver a acercar a lo que se ha distanciado por medio de nuestra voluntad egoísta.

El camino de regreso a la proximidad siempre nos lleva a un punto en el que debemos tomar una decisión sobre lo que haremos con la persona y la obra de Jesucristo. Si bien podemos progresar en el avance hacia lo azul por medio de lo que Wesley llamó gracia preventiva, nunca podemos pasar de un cierto punto sin la gracia salvadora a través de Jesús y la gracia santificadora de la transformación.

Las personas pueden ser buenas y pueden exhibir características piadosas aun cuando estén limitando su progreso y proximidad a Dios si no ejercen la fe en Jesús como el camino para reconciliarse plenamente con Dios. Es por eso que, la Biblia es tan clara sobre el hecho de que hay un mediador entre Dios y los seres humanos, el hombre Jesús. 10

Así como Dios ha impreso a las personas con Su naturaleza, que puede ser descubierta y restaurada a la totalidad, también Dios se ha imprimido en toda la creación. Hay un testimonio de Dios en toda la creación. Así que a medida que perseguimos el conocimiento de la creación, somos capaces de perseguir el conocimiento de Dios. La pasión por Dios se traduce en curiosidad en la búsqueda del conocimiento de la creación.

Por lo tanto, ya sea que la verdad que perseguimos esté en una persona, o dentro de la creación, o dentro del reino de las ideas, todo tiene las huellas dactilares de Dios en ella y nos lleva a Él. La curiosidad por aprender y crecer nos acerca a Dios, que es la fuente de la verdad.

La gente plena siempre está buscando puntos azules dondequiera que vayan. Son particularmente sensibles a otras personas al exhibir hospitalidad y un cristianismo amable con una disposición inclusiva que no aleja a nadie. Saben que la naturaleza de Dios se puede encontrar en muchos lugares. Así que constantemente sienten curiosidad por las cosas, buscan y esperan ver a Dios en todas las dimensiones de la vida-académica, experiencial, ambiental, relacional. Esto impulsa su pasión por el aprendizaje, su apertura al descubrimiento y su vigor en la indagación.

Las personas plenas no están cerradas ante la posibilidad de que Dios se encuentre en los lugares menos probables. Saben que Dios ha creado todas las cosas, que es la fuente de todos, el Señor de todos. Es preveniente en que va antes que todas las cosas. Es preeminente en que está por encima de todas las cosas. Ellos y ellas caminan con curiosidad; buscando, investigando, buscando encontrar a Dios dondequiera que sea encontrado. Este pensamiento curioso se traduce en algunos comportamientos particulares que caracterizan a las personas plenas. En su curiosidad, están abiertos a una variedad de disciplinas intelectuales sabiendo que en su búsqueda con mente abierta encontrarán la verdad y toda la verdad viene de Dios. Así que en esencia están en una búsqueda continua de Dios y persiguen apasionadamente esa búsqueda con una curiosidad insaciable que proviene de un hambre de Dios.

Este tipo de pensamiento es abierto, no cerrado. Es investigativo, no concluyente. Es curioso no declarativo. En el momento en que cierran sus mentes se cierran a la posibilidad de que Dios esté donde están mirando. Así que siempre están abrazando curiosamente nuevas circunstancias. Ponen a prueba los límites con la esperanza de encontrar una nueva verdad. Exploran campos, áreas y pensamientos desconocidos.

A veces esta curiosidad e inclinación por la exploración y el aprendizaje se malinterpreta como una falta de fe en un Dios absoluto. Por el contrario, es la forma más elevada de fe y confianza en Dios asumir que dondequiera que su búsqueda los lleve, Dios está allí. Algún poco de verdad desvelará una nueva dimensión de Dios que es la fuente de su pasión e impulsa su curiosidad.

Este pensamiento curioso también se manifiesta en una disposición de apertura hacia los demás. En las relaciones, las personas plenas preguntan más y hablan menos. Las personas plenas no están cerradas. Acogen nuevos pensamientos y

159

personas en el círculo del conocimiento porque en esa apertura son capaces de explorar y encontrar dimensiones de un Dios infinito que se ha dado a conocer en toda la creación- ciencias, relaciones, creación, fe, la Palabra.

En busca de Puntos Azules

Las personas plenas abrazan la vida como una aventura. Cuanto más pueden apoyarse en él, más son capaces de conocer a Dios. Su comportamiento no es áspero ni se da a las actitudes de maldición que cierran la posibilidad de aprender y conocer a Dios más plenamente. En el ámbito académico, las artes liberales son tanto una búsqueda de Dios a través de la amplitud y diversidad del aprendizaje como la búsqueda de las diversas disciplinas en respuesta a las grandes preguntas de la vida.

Estoy consciente de que en el discurso contemporáneo el concepto de curiosidad tiene inherente en él el potencial de actividades triviales.11   Muchos prefieren el concepto de maravilla como descriptor. Puedo vivir con eso. Sin embargo, para aquellos que no están empapados y predispuestos al pensamiento reflexivo y a ciertos elementos espirituales, el asombro es algo que resulta un poco distante. Muchas personas tratan a diario con su curiosidad, pero no pueden considerar que eso sea algo asombroso. Poseer una disposición de asombro no necesariamente precede a encontrar algún elemento de la verdad

160

de Dios. A veces nuestra propia curiosidad es sorprendida al encontrar a Dios en un lugar o camino más inesperado.

La persona con un solo punto azul- a una distancia lejos de Dios- tal vez curiosamente acepte algún elemento pequeño y de repente se enfrente a una nueva visión que puede estimular el punto azul en un crecimiento multiplicado y esto, totalmente por sorpresa. Tal vez sea un dolor repentino de conciencia, una emoción que una vez se pensó muerta, un motivo amable que se hincha en respuesta a una búsqueda trivial. O tal vez es un interés arbitrario en cuanto a por qué su lujuria se ha vuelto tan egocéntrica y deformada. Sea lo que sea, eso puede llevarlos un poco más cerca de descubrir a Dios.

Por un lado, esto puede llevar a los líderes cristianos y a las iglesias a quitar sus manos del ministerio asumiendo que eventualmente estas personas encontrarán algún remanente de Dios en ellos. O peor aún, puede dar a estos líderes cristianos un falso sentimiento de ser absueltos de la responsabilidad de nutrir, buscar y ayudar activamente a la persona que se pierde en la periferia de la influencia de Dios. La respuesta adecuada es todo lo contrario. Saber que el azul existe dentro de cada persona obliga a las personas plenas a participar activamente en la búsqueda de esas personas en los bordes. Están motivados por el corazón intencional del amor para ir y encontrarlos; para nutrirlos, empujarlos, y animarlos cada vez más cerca de Dios a través de la cruz. ¡Qué poderosa motivación para el ministerio de reconciliación que se nos ha confiado!12 Las instituciones educativas de la tradición cristiana luchan diariamente con un equilibrio adecuado en este punto. La pregunta que impulsa la lucha interior es: "¿Cuánto debemos 'adoctrinar' y cuánto 'exploramos' a través de la libertad académica?" Las actividades académicas por su propio bien pueden conducir a la deconstrucción completa de la fe mientras socava la búsqueda de Dios como el punto focal del pensamiento curioso. Sin embargo, la curiosidad es un atributo que proviene de la imagen de Dios. Por lo que no debemos tener temor de seguir nuestra curiosidad dentro de los parámetros de conocer y descubrir la naturaleza de Dios en nosotros. Por supuesto que esto supone que creemos en un Dios que puede ser conocido; y esa es la esencia de nuestra fe. Cuando la investigación se convierte en su propio dios, los esfuerzos sin anclas y sin sentido causan descomposición y pérdida de enfoque, de tal manera que el intelecto se sirve a sí mismo.

Pensamiento Centrado

Una analogía puede ayudar. Estaba enseñando a mi hija a conducir un auto. "Es hora de aprender a conducir por la autopista", le dije un día. Habíamos hecho muchas visitas a un estacionamiento vacante cercano y un montón de tiempo en las calles del vecindario para que pudiera obtener experiencia allí. Pero la autopista era otro asunto. La petrificó.

Realizamos nuestro viaje hacia la rampa de acceso cercana a la autopista interestatal 10, o como los lugareños en nuestra área lo llaman, la autopista sin sentido 10. Al igual que con muchas entradas a la autopista, esta era una hoja de trébol y una curva larga de 270 grados. Podía sentir el miedo en ella cuando nos acercamos a la rampa. Ella sabía que una vez que saliera a la rampa no había vuelta atrás. Apretó el volante, su respiración bajó, su rostro quedó blanqueado por el miedo. Los niveles de estrés subieron.

A medida que nos dirigíamos hacia la rampa de entrada en forma de trébol, yo estaba dolorosamente consciente de que ella necesitaba mucha práctica. Sin embargo, fue intrigante. La curva en realidad se convirtió en una serie de líneas rectas puntuadas por un tirón ocasional para buscar alejarse del borde exterior. Yo no lograba descifrar que le estaba pasando por la mente.

Después de pasar unas cuantas salidas le dije que ya era hora de salir de la autopista, de nuevo, por la hoja de trébol. Inmediatamente se asustó. Pero esta vez tuve una idea. Le dije: "Al salir, no mires el borde exterior de la curva. Fija tus ojos en el borde interior de la curva y mantente cerca." Ella lo intentó. Por supuesto, la curva era mucho más suave y sus niveles de
163

ansiedad comenzaron a bajar. Fijar nuestros ojos en una cosa hace que nos acerquemos a eso. Mantenerse alejado de los bordes exteriores será uno de los resultados, pero el objetivo principal es perseguir el borde central y permanecer cerca. Las personas magistrales fijan sus ojos en el borde interior de la curva en busca de conocer a Dios y reflejar bien a Cristo. El adoctrinamiento de límites legalistas para el comportamiento no es el punto focal. No es el énfasis.

La curva conduce a la autopista de un libre flujo de ideas y descubrimiento. Pero el énfasis está en la búsqueda de la verdad y de Dios, más que en la imposición o adoctrinamiento de comportamientos o preceptos doctrinales. 13

Las personas plenas tienden a estar centradas más en el conjunto que en los límites. Es decir, viven sus vidas con un centro de principios claro y bien establecido. Por lo general, eso significa un compromiso profundamente apasionado de conocer a Dios y una comprensión bien formada de Jesucristo en el centro de sus vidas. Los principios del Reino se convierten en los valores que rigen su comportamiento. No están tan preocupados por observar las imposiciones legalistas de la iglesia institucional o sus propias expectativas, aunque sin duda no serán ningún problema, ya que el borde exterior de la curva no es realmente un problema para la persona que se mantiene cerca del interior de la curva.

Una persona orientada a los limites puede tener en su mente un conjunto de comportamientos, reglas, doctrinas o regulaciones que para ellos constituyen una vida santa. Se esfuerzan mucho para observarlos, aprenderlos y enseñarlos. Sus ojos se centran en los límites o límites que definen su fe en lugar del centro que la mantiene en equilibrio ordenado. Esta persona centrada en límites puede tener problemas con el miedo, tratando de mantenerse alejada de los bordes y descubrir que se convierte en una tarea difícil de hacer. Pablo habla de esto a lo largo de la escritura, especialmente en Romanos 7 y 8 y en Colosenses 2.

Y este patrón de pensamiento de límites y basado en el miedo no está reservado solo para los religiosos fundamentalistas. A menudo una forma inversa de este mismo patrón encuentra expresión en la academia donde se fomenta la destreza intelectual a toda costa, incluso a expensas de una cosmovisión cristiana. En el proceso hay tal atadura al borde exterior de la búsqueda académica bajo el pretexto de la iluminación que el centro con sus principios es olvidado o ignorado por temor a que se vuelva demasiado confinado o restrictivo. El resultado es un entorno donde se permite todo mientras ocurra el diálogo. Se convierte en un entorno limitado al revés.

En este caso, el legalismo no significa comportarse de cierta manera o mantener ciertas posiciones doctrinales. El legalismo es una expectativa impuesta de que la verdad real requiere un diálogo ilimitado y sin sentido por sí mismo. Muchos académicos se enorgullecen de desviar el diálogo de cualquier centro. Creen que esto es realmente un pensamiento liberado. En realidad, sin el centro, especialmente Dios que es la verdad, su ejercicio en el pensamiento se convierte en intelectualismo por sí mismo.

Al ser una persona bien centrada, entonces, la consecuencia natural es una confianza interna en los principios de Cristo que dan equilibrio y orden a una espiral cada vez más amplia que se extiende en curiosa investigación para aprender, crecer y explorar su fe. La seguridad de estar en el centro da confianza y libertad para perseguir los bordes de pensar nuevos pensamientos y explorar nuevas ideas. Informa y proporciona un marco para la investigación de tal forma que el miedo a salir "fuera de los límites" se sustituye por la euforia al "estirarse hasta los bordes".

Para volver a usar la metáfora de Wesley, el amor es la casa en la que vivimos. El arrepentimiento y la justificación es el acceso a ella. Y el camino de la gracia santificadora es el maravilloso proceso de explorar todas las habitaciones de la casa con una curiosidad innata que proviene de la imagen de Dios en

166

nosotros y que sólo puede ser saciada por la exploración que nos lleva a buscarlo.

Escritura para examinar: *Job 38*

Idea teológica para meditar: *El misterio de Dios*

Peligro para evitar: *Muchas maneras conducen igualmente a Dios*

Preguntas para hacerse:

1. ¿Dónde ves los misterios de Dios? ¿Dentro de ti? ¿En otros? ¿En la Creación?

2. ¿Dónde estás fijando tus ojos? ¿En los límites o en el centro? ¿Cómo te libera fijar tus ojos en el centro para explorar las grandes preguntas de la vida sin miedo?

3. ¿Cuáles son las preguntas que más temes hacer? ¿Es posible que Dios esté allí esperando encontrarte con una nueva visión?

4. ¿Cómo puedes cambiar tu enfoque de una persona limitada a una centrada en tratar de perseguir los misterios de Dios y conocerlo?

Una oración en respuesta: *"Cuán maravillosos son los misterios de Tus caminos, oh, Dios. Aunque nunca los comprenderé, los abrazaré. En la grandeza de Tu ser, me refugio. Sin embargo, me obliga a saber más. Mientras pregunto y exploro, mi mayor deseo es encontrarte. Así que Dios Celestial, déjame encontrarte donde menos espero; donde busco y exploro. Permíteme deleitarme con lo desconocido de Tus misterios. Y que mi vida sea alimentada hasta que muera con la pasión de perseguir tu ser. Ayúdame a preguntar; y guiar mi indagación de manera tal que mi fe se fortalezca en Ti."*

CONCLUSIÓN

¿Cómo caminamos por el camino de la santidad? ¿Cómo llegamos a ser plenos? ¿Cómo se convierten estos diez descriptores en una parte natural de nuestras vidas?

Es un viaje de toda la vida. Ciertamente hay un comienzo, un momento en el que decidimos que todo lo que somos está dedicado a ser todo lo que Dios pretendía. Ese punto de partida puede ser un momento de crisis; una experiencia catalítica asociada con un lugar, una fecha y una hora. Pero abre la puerta a una relación dinámica y continua que sigue formando nuestra vida a semejanza de Cristo.

Esa formación continua no es algo que sólo queramos lograr. Diane LeClerc14 una vez se refirió a la forma santa de vivir como destapar una tubería para permitir que el agua fluya y haga su trabajo natural.

No es simplemente un esfuerzo redoblado para ejercer las disciplinas espirituales para que estemos espiritualmente en forma. Muchas personas se esfuerzan más por llegar a ser como Cristo. No, ser pleno es contra intuitivo. En lugar de esforzarse más, volverse pleno es revertir la dirección de la energía. No ejerciendo nuestra propia energía para obtener, sino liberando nuestro control sobre el egoísmo que obstruye nuestra vida impiendo que el flujo del Espíritu de Dios haga la obra natural de restauración. El albedrío pasa de nosotros a Dios. La dirección cambia de nuestro esfuerzo a Su apropiación. Esta es verdaderamente la obra de Dios en nosotros. Sin embargo, sin nuestra colaboración en la entrega activa, no hay un camino claro para que el Espíritu forme a la gente plenamente humano-de la manera en que Dios nos creó una vez.

En un momento en que la naturaleza humana quiere encontrar la solución, la fórmula, la bala de plata, esta reversión de la energía y el albedrío son una parte esencial de la comprensión de la obra de Dios de hacernos plenos. Es una obra de Dios, no de nosotros. Es para todas las personas, no sólo para unas pocas. Está disponible, no fuera de nuestro alcance. Se trata de ser humano, no de ser super humano.

Debido a que este llamado a la vida plena es un llamado a los efectos de la reelaboración de Dios en nosotros, encontrar los caminos y canales para facilitar esa obra es importante. Las disciplinas espirituales ciertamente fortalecen nuestros músculos. Pero no logran el objetivo. Son nuestro esfuerzo por hacer ejercicio. Los medios de gracia, sin embargo, son la manera de Dios de apropiarse de la dieta diaria de Su santidad en nuestra vida de manera coherente e incremental.15

Los medios de gracia son aquellas cosas que naturalmente nos invitan a tener más de Dios en nuestra vida,
170

con el efecto natural de la restauración. Cuando tomamos la comunión, declaramos los caminos hacia nuestra vida abiertos a la influencia de la formación de Dios. Cuando participamos en el bautismo, abrimos el canal una vez obstruido en nuestros corazones, y Jesús fluye. Cuando ayunamos y oramos, levantamos la barrera al Espíritu para desenmascarar la ilusión de nuestra propia confianza. Cuando nos sumergimos en la Palabra —viva y escrita— nos volvemos vulnerables de nuevo al corazón del Maestro quien nos concibió primero.

El efecto de ese libre fluir del Maestro en nosotros es que llegamos a ser como El. Estamos llenos del carácter del Maestro y nos convertimos en personas plenas. Nuestra confianza ya no está en nosotros mismos, sino en El. Nuestra seguridad ya no está en nuestra capacidad de lograr, sino en la de Él. Ya no malgastamos nuestra energía tratando de estar a la altura de otros, así que nos relajamos. Qué libertad abrazamos, no porque estemos concentrados en los diez descriptores que hemos discutido y esforzándonos por cumplir, sino porque abrimos las puertas de nuestra vida y descansamos en la restauración efectiva que Dios trae.

La vida plena, es el destino para el que fuiste creado. No importa los colores, patrones, textura o marco de tu vida, fuiste formado y hecho para que el carácter, la naturaleza y la personalidad de Aquel que te creó pueda ser evidente.

NOTAS FINALES

Capítulo 2

1. Las proposiciones teológicas o doctrinales pueden llegar a ser fácilmente todo lo que alguien entienda acerca de la salvación. Cuando eso sucede, el fundamento de la salvación personal se convierte en el grado en que esa persona acepta, está de acuerdo y aplica un precepto o posición doctrinal particular. En casos extremos, esto puede conducir fácilmente a una percepción de que la salvación es equivalente a creer ciertas doctrinas o tener ciertas opiniones sobre temas importantes. En última instancia, una mentalidad territorial se establece como resultado de esta estrecha visión de la salvación. Hablo de esto con mayor detalle en mi libro Church 2K: Leading Forward (Indianapolis: Precedent Press, 2008).

Capítulo 3

2. La relación dinámica entre quiénes somos y lo que hacemos se describe más completamente utilizando la analogía del iceberg en mi libro The Integrity Factor (Vancouver: Regent Press, 2006).

Capítulo 7

3. Foundery o Foundry era un taller de fundición en Moorfields, Londres. El mismo albergaba cañones, armas y municiones del Rey Carlos. El edificio se convirtió en el primer lugar donde los hermanos Wesley, John y Charles, se reunieron como comunidad metodista en 1739. Nota de la traductora, encontrado en The Asbury Triptych.com.

Capítulo 9

4. Un tratamiento más profundo de este concepto se encuentra en mi libro The Integrity Factor (Vancouver: Regent Press, 2006), donde utilizo la metáfora del iceberg para describir la dualidad del liderazgo. Nuestra identidad es la condición formativa (parte inferior del iceberg) de la que nuestras actividades (parte superior del iceberg) proceden como un reflejo natural. Se da una explicación adicional en un capítulo de 15 Características de pastores eficaces (Vancouver: Regent Press, 2007), que escribí con Larry Walkemeyer.

5. Este es un término utilizado por Pablo a menudo en referencia a sí mismo en relación con Jesucristo. Me recuerda la confrontación que tuvo con Cristo en el camino a Damasco y la decisión final que tomó para servir a Cristo después de su tiempo con Bernabé. Dios puede utilizar medidas extraordinarias para llevar a una persona a un punto de encuentro en el que debe

174

tratar la pregunta de a quién servirá. Sin embargo, Dios nunca usurpada la capacidad de una persona para elegir voluntariamente.

6. Describo este proceso de vaciado y humillación en El factor de integridad en el capítulo titulado "El camino descendente". Se evidencia más claramente en la vida de Jesucristo como se encuentra en Filipenses 2:5-11, también conocido como el pasaje de la kenosis. Kenosis significa vaciar. Es a partir de esta referencia, entonces, que obtenemos la imagen de la Mente de Cristo que demostró ser un siervo de Dios, no de la gente. Sin embargo, al ser un siervo de Dios, satisfizo las necesidades de las personas que fueron más profundamente identificadas por la necesidad de restaurar de nuevo su relación correcta con Dios.

7. Juan 1

8. En la oración que Jesús oró en el Jardín de Getsemaní, está luchando hasta el punto de sudar sangre. Ciertamente, la aversión a lo que sabía que sería una muerte espantosa fue un factor. Pero también el conocimiento de que podría evitar esto si simplemente eligiera no someterse a la voluntad del Padre. La rendición final que comenzó cuando Cristo se hizo humano por primera vez fue culminado en este acto de expiación. Y esa rendición fue sellada en Su muerte en la

cruz. Esta es la verdadera muerte del ser mismo para que la voluntad de Su amo —el Padre— pudiera ser.

Capítulo 10

9. Os Guinness expande y describe esta llamada diferenciada en su libro Rising to the Call (Nashville: W Publishing Group, 2003). El sentido de llamar a la gente común dio lugar a la compulsión interior de buscar un llamado para el cual se formó una persona. En esto, el significado y el valor proporcionaron la motivación intrínseca para el trabajo.

Capítulo 11

10. Colosenses 1:15-18

11. 1 Timoteo 2:5

12. Terry Merrick. "Enseñar Filosofía: ¿Inculcar una maravilla piadosa o una curiosidad viciosa?" *Christian Scholar's Review* 34:4 (verano 2010), 401-420.

13. 2 Corintios 5:18-19

14. Describo esta tendencia en los patrones de pensamiento en el capítulo llamado "La lección de la hoja de trébol" en mi libro Iglesia 2K: *Leading Forward* (Indianapolis:

Precedent Press, 2008). El paradigma limitado y centrado también es útil para entender la motivación de la curiosidad en las personas plenas.

Conclusión

15. Diane LeClerc, en un discurso para el Día de los Pastores de la Santidad en Portland, utilizó la analogía de un drenaje obstruido que necesitaba desesperadamente el trabajo de corrección de Drano (producto que se usa en EU para destapar tuberías) para permitir que el agua fluyera naturalmente según lo previsto. Véase también su libro, Descubriendo la Santidad Cristiana.

16. Ibid.

RECURSOS

The Holiness Manifesto (Grand Rapids, MI: Eerdmans, 2008). Kevin Mannoia and Don Thorsen.

15 Characteristics of Effective Pastors (Ventura, CA: Regal, 2007). Kevin Mannoia and Larry Walkemeyer.

Maximum Faith (Ventura, CA: Metaformation; Glendora, CA: WHC Publications, 2011). George Barna.

Relational Holiness (Kansas City, MO: Beacon Hill, 2005). Thomas Jay Oord and Michael Lodahl.

Los lectores también son invitados a visitar www.kevinmannoia.com and www.holinessandunity.org. Nota: Un documento de dos páginas escrito en conjunto con líderes de WHC están disponibles en www.holinessandunity.org

"Fresh Eyes on Holiness" — Documento de referencia para el estudio de la santidad en el siglo 21.

"Holiness Manifesto" — Documento de referencia acerca de la unidad de la vida de santidad.

ACERCA DEL AUTOR

Kevin Mannoia es fundador del Consorcio de Santidad Wesleyana, un movimiento nacional y global que llama a la gente a vivir en santidad. Ha servido en el liderazgo ministerial durante más de 25 años como pastor, obispo, capellán de la policía, presentador de radio, maestro, predicador, esposo y padre. Ex Decano de Teología en la Universidad Azusa Pacific y presidente de la Asociación Nacional de Evangélicos, el Dr. Mannoia en la actualidad es Profesor de Ministerio y sirve como el Capellán de Posgrado y Facultad en la APU.

Criado en Brasil, la carrera de Mannoia lo ha llevado por todo el país y el mundo, pero llama al sur de California su hogar. Le encantan los coches rápidos, la ciencia ficción y el rock and roll. Pero sobre todo le encanta pasar tiempo con su esposa, Kathleen, y sus tres hijos. Otros libros de su autoría incluyen *The Integrity Factor: A Journey in Leadership Formation Church Planting: The Next Generation Church 2K—Leading Forward*; y *15 Characteristics of Effective Pastors*. Más información en www.KevinMannoia.com.

Made in the USA
Las Vegas, NV
09 August 2021